KB049940

성리학의 나라

조선을 비판하다

성리학의 나라

조선을 비판하다

초판 1쇄 발행일 2018년 05월 10일
초판 2쇄 발행일 2018년 05월 30일

지은이 김진년
펴낸이 양옥매
디자인 신나래
교 정 조준경

펴낸곳 도서출판 책과나무
출판등록 제2012-000376
주소 서울특별시 마포구 방울내로 79 이노빌딩 302호
대표전화 02.372.1537 **팩스** 02.372.1538
이메일 booknamu2007@naver.com
홈페이지 www.booknamu.com
ISBN 979-11-5776-555-3 (03910)

이 도서의 국립중앙도서관 출판시도서목록(CIP)은 서지정보유통지원 시스템
홈페이지(http://seoji.nl.go.kr)와 국가자료공동목록시스템
(http://www.nl.go.kr/kolisnet)에서 이용하실 수 있습니다.
(CIP제어번호 : CIP2018013470)

성리학의 나라

조선을 비판하다

김 진 년

책과나무

○

백설이 자자진 골에 구름이 머흐레라

반가운 매화는 어느 곳에 피었는고

석양에 홀로 서서 갈 곳 몰라 하노라

/ 목은 이색 /

고려는 외세의 힘을 빌리지 않은 우리나라 최초의 통일국가이자 고조선과 고구려가 경영했던 북방을 차지하기 위해 많은 노력을 기울인 왕조였습니다.

고려는 건국 이후 거란과 요, 몽골 등 북방민족으로부터 끊임없는 압박을 받았으며, 남쪽에서는 수시로 침구하는 왜구의 노략질에 시달려 왔습니다. 이런 어려운 여건 속에서도 고려는 중앙집권체제를 공고히 하여 국가 역량을 결집시켜 외적에 맞서 북방을 개척하였습니다.

고려는 다양한 문화가 어우러진 사회였습니다. 불교와 유교는 물론 우리 고유의 민속 문화까지 아우르는 정책으로 어느 한쪽만을 강요하지 않았습니다. 사상과 문화의 다양성을 인정한 것입니다.

그러나 고려 말 성리학을 익힌 향리출신들이 조정에 진출하면서 사대주의적 요소가 끼어들어 자주국가의 면모가 흐려져 버렸습니다. 이들은 정명적 명분의식에 기초하여 춘추대의적 의리관과 화이관에 따라 원나라를 오랑캐의 나라로 규정짓고 한족인 명나라에 사대하는 것을 당연하다고 여겼습니다. 그리고 모든 것을 성리학적 가치로 판단하고 그와 다른 것을 배척하였습니다.

이성계의 위화도회군 이후, 고려는 배원친명정책을 분명히 하였습니다. 고려는 스스로 명나라의 제후국이 되었으며, 이는 조선왕조로 이어졌습니다.

1392년의 왕조 교체는 성리학의 승리였습니다. 그 결과 고려에서 표출되던 다양한 사상과 문화는 억압되었습니다.

성리학을 통치이념으로 내세운 조선왕조의 집권세력은 주자의 사상과 다른 것은 용납하지 않았습니다. 특히 조선 중기 이후 사림세력이 본격적으로 조정에 진출한 이후에는 조선 초 간신히 명맥을 유지했던 실용주의적 요소마저도 사라졌습니다. 사실상 사상과 학문의 자유가 인정되지 않는 암흑시대가 도래한 것입니다.

조선의 사대부들은 주어진 현실을 외면한 채 이상적인 도덕정치만 강조하고, 기존의 규범과 가치를 고수하려는 보수성이 강하여 사회 변혁에 부정적이었습니다.

결국 조선왕조는 시대의 흐름에 역행하면서 고립을 자초하여 망국의 구렁텅이에 빠져 버렸습니다.

역사는 당대인들의 시각이 반영된 기록물입니다. 따라서 어떤 의미에서 역사란 주어진 사료에 의한 해석과 왜곡의 역사라 할 수 있습니다. 결국 같은 사실이라도 역사는 시대에 따라, 이념에 따라 해석과 재해석이 필요한 것입니다.

이 글을 쓰는 이유도 나름대로 역사를 재해석하여 역사적 실체에 접근해 보고 싶다는 욕심 때문입니다.

이 글은 크게 두 편으로 나누어 기술되었습니다.

제1편에서는 고려의 멸망과 조선왕조의 개창 과정을 『조선왕조실록』과 『고려사』 등 역사 기록을 토대로 살펴보았으며, 제2편에서는 조선왕조를 지탱해 온 성리학에 의한 통치이념과 체제를 살펴보았습니다. 그리고 유교적 이념에 의해 강제된 생활 질서 속에서 양반 · 관료들의 허위의식과 백성들의 고통을 짚어 보았습니다.

비전문가의 시각으로 역사를 바라보는 것이 몹시 두렵고 또 다른 왜곡이 되는 것은 아닐까 걱정이 됩니다. 아무쪼록 이 책이 우리 역사를 가까이하고, 우리 민족의 동질성을 회복하는 데 도움이 되었으면 좋겠습니다.

2018년 봄

김 진 년

제 1 편
고려 멸망과 조선왕조의 개창

1

공민왕의 좌절과 '쇠망의 전조'

1365년(공민왕 14년) 2월 난산 끝에 노국대장공주가 죽자, 공민왕은 공주를 정릉(正陵)에 장사 지냈습니다. 1370년(공민왕 19년) 5월에는 정릉을 지킬 능호를 설치하는 한편 운암사에 토지와 노비를 지급했습니다. 그리고 여러 신하들과 함께 다음과 같이 맹세했습니다. 『고려사』 「열전」에 기록된 내용입니다.

나라와 가정에 배필보다 더 중한 것이 없거늘 하물며 내조한 어진 아내는 더욱 잊을 수 없다. 인덕공명자예선안휘의노국대장공주는 황족으로 태어나서 꽃다운 이름을 외척에까지 전하였고 친영의 예법에 따라 우리 왕실로 시집오게 되었도다. …

온화하고 침착하여 부인의 도리를 잘 이행하였고 어머니처럼 자애롭고 착하여 모범을 능히 드러내었도다. 부부간에 서로 경계하여 나를 바로잡아 준 바 많았으니 이렇게 살면서 같이 종묘사직을 지켜야 마땅할 터이다.

그러나 만삭의 몸으로 그만 세상을 떠났으니 말이 여기에 미치자 아픈 마음이 더욱 깊어지도다. …

공민왕의 노국대장공주를 애도하는 마음이 잘 나타나 있습니다. 공주는 원나라 종실 위왕의 딸로서 공민왕이 원나라에 있을 때 결혼하였으며, 공민왕이 왕위에 오르자 함께 고려로 왔습니다. 공주를 총애한 공민왕은 여색을 가까이하지 않았으나, 즉위한 지 8년이 되어도 슬하에 자녀가 없자 재상들의 건의로 이제현의 딸을 들여 혜비로 삼게 됩니다. 그러나 이는 왕의 뜻이 아니었을 뿐만 아니라 공주도 몹시 후회하였습니다. 그러다 어렵게 공주가 임신을 하자 공민왕은 대대적인 사면을 단행하기까지 하였으나, 공주는 그만 난산으로 숨을 거두고 말았습니다.

평소 불교를 믿었던 공민왕은 공주가 죽자 크게 불사를 벌였습니다. 왕은 손수 공주의 초상을 그려 놓고 밤낮으로 마주하고 식사하면서 슬피 울었으며, 삼 년 동안이나 고기반찬을 들지 않았습니다. 그리고 수시로 공주의 영전에 나가 공주를 그리워하였습니다.

공민왕은 1351년 10월 왕위에 올랐습니다. 공민왕이 즉위할 무렵 원나라는 홍건적의 난으로 어수선하였고, 고려 역시 정치가 불안정한 가운데 왜구가 자주 침범하여 민생이 피폐해져 있었습니다. 공민왕은 이 같은 난국을 타개하기 위해 강력한 개혁정책을 시행하여 고려의 자주권을 회복하고 잃었던 영토를 되찾기 위해 노력했습니다.

왕은 즉위하자 먼저 무신정권 때 설치되어 권문세족들의 부정부패의 온상으로 지목되어 온 정방을 전격 폐지하였습니다. 그리고 교서를 내려 대대적인 개혁을 예고했습니다.

1352년 3월에는 위로는 재상으로부터 말단 이서에 이르기까지 모든 관원들에게 분부하여 활 1개, 화살 50개, 검 한 자루, 칼 한 자루를 갖추게 하여 숭문관에서 친히 사열했습니다. 그리고 8월에는 5일에 한 번씩은 모든 정무에 대한 보고를 올리도록 하여 친정체제를 구축하였습니다.

공민왕의 정치개혁은 원나라를 배척하는 것으로 시작하였습니다. 1352년 고려의 풍속을 회복하기 위해 변발과 호복의 착용을 금지시켰으며, 1358년(공민왕 7년)에는 원의 연호를 폐지했습니다. 또한 그동안 내정간섭을 일삼던 정동행성을 철폐하고, 동녕부와 쌍성총관부를 폐지하여 잃었던 서북면 및 동북면 일대의 영토를 되찾았습니다.

1359년(공민왕 8년) 홍건적의 침입으로 한때 서경이 함락되는 등 위기를 맞았으나 이듬해 2월 그들을 국경 밖으로 몰아냈으며, 1361년(공민왕 10년) 홍건적 2차 침입 때는 왕이 안동까지 몽진 가는 고초를 겪었지만 이듬해 1월 개경을 회복하고 홍건적을 압록강 이북으로 쫓아냄으로써 위기를 모면하였습니다.

자주권 회복과 홍건적의 침입이라는 국가 위기상황과 함께 공민왕은 조일신의 정변과 기철의 역모사건, 그리고 김용의 난과 최유의 난 등 내부의 반란에 시달려야 했습니다.

이런 내우외환의 위기가 마무리되자, 이번에는 공주가 난산 끝에 죽어 공민왕은 실의에 빠지게 되었습니다.

그러나 공민왕이 정말로 실의에 빠진 것은 신돈을 처형한 이후였습니다. 공민왕은 공주가 죽은 후 불사에 열중하였지만 개혁의 끈마저 놓은 것은 아니었습니다.

공민왕은 신돈을 앞세워 개혁정책을 추진하였습니다. 신돈이 권문세가나 신진사대부 어느 쪽에도 속하지 않고 사리사욕이 없다는 점에서 개혁정책의 적임자로 판단했던 것입니다. 개혁주의자 신돈이 요승으로 둔갑한 것은 폐가입진을 명분으로 내건 이성계 일파의 농간 때문입니다.

공주가 죽은 해 5월 공민왕은 신돈을 왕사로 삼았다가, 7월에는 진평후로 봉했습니다. 그리고 12월 삼한삼중대광 겸 영도첨의사사사, 판감찰사사 등으로 임명했습니다. 사실상 개혁정책을 통째로 맡긴 것입니다. 공민왕의 적극적인 후원 아래 신돈은 개혁정책을 강력하게 밀고 나갔습니다. 그러나 이 과정에서 많은 대신들이 쫓겨나고 유배되자, 권문세족들은 격렬하게 반발하였습니다.

신돈이 가장 중점을 두고 시행한 개혁정책은 노비와 토지개혁이었습니다. 1366년(공민왕 15년) 5월 전민변정도감을 설치하여 부당하게 겸병당한 토지를 원주인에게 돌려주고, 강압에 의해 노비로 전락한 사람들을 양민으로 돌아가게 했습니다. 신돈은 백성들로부터 성인으로 칭송받았습니다. 이는 권문세족들의 경제력을 약화시키려는 정책이자 민간경제를 활성화시킬 수 있는 정책이었으며 왕권을 강화시키는 일이기도 하였습니다.

1370년(공민왕 19년) 1월, 공민왕은 파사부에 이어 요동성으로 가는 주요 요충지인 고구려의 첫 수도 오녀산성을 공략하였습니다. 1369년부터 시작된 동녕부정벌의 연장으로서 고려의 북진정책을 실현하기 위한 원정이었습니다.

1370년 11월에는 이성계와 지용수가 합세하여 요동의 중심지인 요양을 공격하여 성을 빼앗았습니다. 그러나 이는 고려의 장기적인 점령으로 이어지지 못했고, 부근 주민들에게 고려에 귀순할 것을 권고하고 회군하고 말았습니다.

제1차 요동정벌로 알려진 이 전쟁은 왕이 국정을 소홀히 하고 있었다면 감히 추진할 엄두도 못 냈을 것입니다. 공민왕이 공주의 죽음으로 실의에 빠져 국정을 소홀히 했다는 말은 공민왕 말년의 치세를 깎아내리려는 의도로 보입니다.

신돈의 개혁정책은 권문세족들의 거센 반발을 불러왔습니다. 그러자 공민왕은 1370년 10월 친정할 뜻을 밝혔고 이듬해 3월에는 이를 다시 강조하였습니다.

1371년(공민왕 20년) 7월 선부의랑 이인이 익명의 투서를 넣어 신돈이 반역 음모를 꾸미고 있다고 밀고하자, 공민왕은 신돈 일당을 국문하고 신돈을 수원으로 유배 보낸 후 4일 만에 전격 처형해 버렸습니다. 신돈에게 해명할 기회조차 주지 않은 것입니다. 더 이상 권문세가와 무장 세력의 반발을 막아낼 수 없게 되자, 공민왕이 모든 책임을 신돈에게 뒤집어씌운 것입니다.

공민왕은 개혁정책이 막히자 실의에 빠졌습니다. 자신의 한계를 느꼈는지도 모르겠습니다.

신돈이 처형된 며칠 후, 공민왕은 모니노를 궁으로 불러 명덕태후전에 살도록 했습니다. 공민왕과 신돈과 모니노가 무엇인가로 연결되어 있다는 의미로 해석됩니다. 왕이 모니노를 태후전으로 데려간 것은 어린 모니노를 보호하기 위한 선택이었을 것입니다. 1373년(공민왕 22년) 7월, 왕은 모니노에게 우(禑)라는 이름을 하사하고 강녕부원대군으로 책봉했습니다. 그리고 정당문학 백문보, 대사성 정추 등을 그의 사부로 임명했습니다. 장차 세자로 책봉하기 위한 조치였습니다.

자신의 죽음을 예감한 것일까요? 1374년(공민왕 23년) 9월, 왕이 홍륜 등에게 시해당하기 며칠 전에 강녕부원대군 우가 죽은 궁인 한씨의 소생이라고 밝히고 한씨의 부친 한준과 조부, 증조부를 추증했습니다. 어린 우의 입지를 확실하게 하기 위한 의도였습니다.

자제위는 왕권의 강화와 요동 문제에 대비하기 위해 필요한 인재를 육성할 목적으로 궁중에 설치한 조직입니다.

공민왕 자신도 왕위에 오르기 전 원나라에 숙위(황제의 시종 및 호위)한 바 있습니다. 그럼에도 불구하고 자제위가 부정적으로 서술된 것은 조선왕조 사가들이 자신들의 왕조 개창을 정당화하기 위해 의도적으로 왜곡한 것입니다.

『고려사』에는 공민왕이 남색을 탐하기 위해 자제위를 설치한 것처럼 묘사하고 있습니다. 『고려사』 1372년 10월의 기록입니다.

자제위를 설치해 젊고 용모가 아름다운 자들을 선발해 소속시킨 다음 대언 김흥경으로 하여금 조직을 총괄하게 했다. 이때 홍륜 · 한

안 · 권진 · 홍관 · 노선 등이 왕의 총애를 받으면서 늘 침소에서 시중을 들었다. 왕이 천성적으로 여색을 좋아하지 않는 데다 교합이 불가능했기 때문에 공주가 살아 있을 때에도 동침하는 일이 극히 드물었다. 공주가 죽은 후 비를 여럿 들여다가 별궁에 두었으나 가까이 하지 못하고 밤낮으로 공주만을 애타게 그리워하다가 결국 마음의 병까지 얻었다. …

왕이 후사가 없음을 걱정한 나머지 홍륜과 한안 등을 시켜 왕비들을 강제로 욕보여 그 사이에서 아들이 생기면 그를 자기 아들로 삼으려 했다. 정비 · 혜비 · 신비가 죽기로 거부하며 따르지 않자 뒤에 왕이 익비의 처소로 가서 김흥경 · 홍륜 · 한안 등을 시켜 익비와 통정하게 했다. 익비가 거부하자 왕이 칼을 뽑아 치려고 하니 익비가 겁이 나서 따랐으며 그 이후로 세 사람은 왕의 명령을 빙자해 익비의 처소에 자주 드나들었다.

우선 공민왕이 후사가 없음을 걱정한 나머지 홍륜과 한안 등을 시켜 왕비들을 강제로 욕보여 그 사이에서 아들이 생기면 그를 자기 아들로 삼으려 했다는 기록은 정말 어이없는 기록입니다. 왕은 이미 1371년에 모니노를 궁으로 데려와 세자로 삼으려 했는데, 후사가 없음을 걱정했다는 것은 말이 안 됩니다. 우왕이 공민왕의 자식이 아니라는 점을 강조하기 위한 조작이라고 생각합니다.

그리고 익비가 임신하자 왕이 홍륜을 제거하려 했다는 기록도 마찬가지입니다. 공민왕이 홍륜과 익비가 사통한 사실을 알고 이를 문책하려 하자 홍륜 등이 최만생과 결탁하여 왕을 시해했다고 보는 것이

훨씬 설득력 있는 설명입니다. 공민왕이 서둘러 우가 죽은 궁인 한씨 소생이라고 밝힌 것도 우가 자신의 후계자임을 재확인한 것입니다.

역사에는 가정이 없습니다. 공민왕은 개혁군주로서 출발했지만 권문세족의 벽을 넘지 못하고 어이없는 죽음을 당하고 말았습니다. 공민왕이 후계구도를 다져 놓지 못한 채 갑작스러운 죽음을 맞게 되자, 왕권은 다시 추락했습니다. 어린 왕을 옹립한 이인임 등 권문세족들의 발호로 정국은 혼미를 거듭했으며, 이는 신진사대부들이 부패척결과 개혁을 주장하는 원인이 되었습니다.

이성계의 위화도회군은 신진사대부들의 승리였으며, 성리학의 승리였습니다. 그러나 이성계 일파는 여기서 멈추지를 않았습니다. 한번 정권을 잡자 이를 더 확대하고 영원히 소유하려는 권력의 속성이 작용한 것입니다.

이성계 일파는 왕조 교체의 명분을 찾기 위해 공민왕의 말기 치세기간에 있었던 일을 부정적으로 묘사하고 이를 근거로 사실을 조작하고 왜곡하여 우왕과 창왕을 쫓아냈습니다. 그리고 마침내 왕조 교체를 실현하였습니다.

공민왕을 폄하한 것에 대한 미안함 때문인지, 조선왕조가 개창한 후 사대부들은 고려왕조에서 유학을 장려한 성종과 함께 공민왕을 태조 왕건의 묘에 붙여 같이 제사 지내도록 하였습니다.

2

1392년의 '역성혁명'

태조(이성계)가 수창궁에서 왕위에 올랐다.

이보다 먼저 이달 12일에 공양왕이 장차 태조(이성계)의 집으로 거동하여 술자리를 베풀고 이성계와 더불어 동맹하려고 의장이 늘어섰는데, 시중 배극렴 등이 왕대비에게 아뢰었다.

"지금 왕이 혼암(昏暗)하여 임금의 도리를 잃고 인심도 이미 떠나갔으므로, 사직과 백성의 주재자가 될 수 없으니 이를 폐하기를 청합니다."

마침내 왕대비의 교지를 받들어 공양왕을 폐하기로 결정이 나자 동지밀직사사 남은이 문하평리 정희계와 함께 교지를 가지고 북천동의 시좌궁에 이르러 교지를 선포하니, 공양왕이 부복하고 명령을 듣고 말하기를,

"내가 본디 임금이 되고 싶지 않았는데 여러 신하들이 나를 강제로 왕으로 세웠습니다. 내가 성품이 불민하여 일의 중요함을 알지 못하니 어찌 신하의 심정을 거스른 일이 없겠습니까?" 하면서,

이내 울어 눈물이 두서너 줄기 흘러내리었다.

마침내 왕위를 물려주고 원주로 가니, 백관이 국새를 받들어 왕대비전에 두고 모든 정무를 나아가 품명하여 재결하였다.

7월 13일 대비가 교지를 선포하여 태조(이성계)를 감록국사로 삼았다.

7월 16일 배극렴과 조준 · 정도전 · 정희계 · 남은 등 대소신료와 한량 · 기로 등이 국새를 받들고 태조(이성계)의 집에 나아가 왕위에 오르기를 권고하였다.

"나라에 임금이 있는 것은 위로는 사직을 받들고 아래로는 백성을 편안하게 할 뿐입니다. … 왕씨의 후사가 두 번이나 끊어졌습니다. 이것은 하늘이 왕위로서 공(이성계)에게 명한 시기이었는데도, 공은 겸손하고 사양하여 왕위에 오르지 아니하고 정창부원군을 추대하여 임시로 국사를 서리(署理)하게 했으니, 거의 사직을 받들어 백성을 편안하게 할 수가 있었습니다. … 정창군도 스스로 임금의 도리를 잃고 백성의 마음이 이미 떠나가서 사직과 백성의 주재자가 될 수 없음을 물어 알고 물러나와 집으로 갔습니다. 다만 군정과 국정의 사무는 지극히 번거롭고 지극히 중대하므로, 하루라도 통솔이 없어서는 안 될 것이니, 마땅히 왕위에 올라서 신과 사람의 기대에 부응하소서."

태조(이성계)는 굳이 거절하면서 말하기를, "예로부터 제왕의 일어남은 천명이 있지 않으면 되지 않는다. 나는 실로 덕이 없는 사람인데 어찌 감히 이를 감당하겠는가?" 하면서 응답하지 아니하였다.

대소 신료와 한량 · 기로 등이 물러가지 않으면서 왕위에 오르기를 권고함이 더욱 간절하니, 마침내 이를 수락하고 7월 17일 수창궁으로 거동하여 왕위에 올랐다.

『조선왕조실록』 1392년 7월 17일의 기록으로, 고려왕조가 끝나고 조선왕조가 열리는 모습입니다. 이성계가 공양왕을 옹립한 지 2년 8개월 만이고, 위화도회군으로 정권을 잡은 지 4년 2개월 만의 일입니다. 역사는 이를 '역성혁명(易姓革命)'이라 일컫습니다.

'혁명'이라는 단어를 사전에서 찾아보면 "이전의 왕통을 뒤집고 다른 왕통이 대신하여 통치하는 일"이라고 나와 있습니다. 따라서 사전적 의미에서 조선왕조 개창은 "역성혁명"이 맞습니다. 그러나 유교에서 말하는 역성혁명은 조금 다른 뜻을 내포하고 있습니다.

중국은 예로부터 하늘로부터 명령을 받은 사람만이 나라를 다스릴 수 있다는 천명사상을 가지고 있었습니다. 제왕은 하늘의 명령을 받은 선택된 지도자로서 하늘을 대행하여 하늘의 뜻으로 백성들을 다스리는 것입니다. 그래서 제왕을 천자(天子)라고 하는 것입니다.

역성혁명이란 천명을 받은 제왕이 하늘의 뜻에 어긋나는 정치를 하여 천명을 잃으면 새로이 천명을 받은 자가 하늘을 대신하여 나라를 다스릴 수 있다는 천명사상에 의한 왕조 교체를 말합니다. 즉, 유교적으로는 천명을 받지 않은 자에 의한 왕조 교체는 혁명이라고 하지 않는 것입니다.

따라서 조선왕조의 개창을 역성혁명으로 보려면 공양왕이 천명을 잃었으며, 이성계가 천명을 받았느냐 하는 점이 가장 중요합니다.

중국 왕조에서의 역성혁명은 주로 평화적인 왕권 이양인 선양(禪讓)에 의해 이루어졌습니다. 선양은 옛 성군 요임금이 순임금에게, 다시 순임금이 우임금에게 왕위를 넘겨준 고사에 유래하는 것으로 혈통상 아무런 관계가 없는 사람에게 왕위를 물려주는 것을 의미하며, 혈연 관계에 있는 사람에게 물려주는 양위(讓位)와는 차이가 있습니다.

선양 이외의 역성혁명으로는 무력을 사용하는 방벌(放伐)이 있습니다. 유교가 혁명의 구체적 사실을 들어 방벌을 긍정하고 예찬한 사례는 오직 두 번 있을 뿐입니다.

하나는 하나라의 걸왕(桀王)이 음란하고 포악무도하여 백성을 몹시 괴롭혔기 때문에 은나라의 탕왕(湯王)이 걸왕을 쫓아낸 것이고, 다른 하나는 은나라의 주왕(紂王)이 폭정으로 백성들을 도탄에 빠지게 하자 주나라 무왕(武王)이 이를 쳐서 은나라를 멸망시킨 것입니다.

유교에서 탕왕이나 무왕은 성군으로 추앙받는 인물로서, 이들의 무력 사용은 천명을 따른 것이라 하고 있습니다. 그러나 그 정치적 명분에도 불구하고 한때 자신들이 섬겼던 제왕을 내쫓은 것이었기 때문에 끊임없이 반역이라는 비난이 제기되고 있습니다. 그만큼 방벌과 반역은 구별하기 어렵습니다.

조선왕조 개창을 역성혁명이라 한 것은 왕조 교체의 주역이 대부분이 유학자였으므로 성리학적 관점에서 왕조 교체의 명분을 찾지 않았나 생각됩니다. 지금도 우리의 역사 교과서나 역사 관련 서적을 보면 대부분 '역성혁명에 의한 왕조 교체'라고 나와 있습니다. 그러나 선양에 의한 역성혁명은 다음 조건을 충족하여야 합니다.

하나는 제왕이 하늘의 뜻을 거역하여 천명을 잃었으며, 새로이 천명을 받은 사람이 있어야 합니다. 하늘에 태양이 하나이듯이 이 둘은

따로 떨어뜨려 생각할 수 없습니다.

두 번째는 제왕이 자발적으로 왕위를 넘겨주어야 합니다. 자기 의사에 반하여 타의에 기대어 왕위를 물려주는 것은 선양이 아닙니다.

세 번째는 평화적인 방법으로 왕위가 승계되어야 합니다. 만일 무력을 사용한다면 이는 방벌이며, 평화적으로 왕조 교체가 이루어졌다 하더라도 전 왕조에 대해 정치보복을 한다면 이는 진정한 선양이 아닙니다.

그런데 이상적인 왕조 교체의 전형으로 칭송받는 선양은 후대로 넘어갈수록 눈 가리고 아웅 하는 식의 위선적인 제도로 전락하고 말았습니다.

중국 여러 왕조에서 보듯이 사실상 군주나 다름없는 권력을 장악한 권신과 그 추종자들이 원래의 군주에게 압력을 가하여 왕위를 물려주도록 만든 다음 대소신료들이 왕으로 추대하면 예의상 몇 번 사양하는 척하다가 이를 수락하는 방법으로 왕위를 찬탈한 것이었습니다.

전한의 유자영이 신의 왕망에게 선양하였고, 후한의 헌제가 위의 조비에게 선양하였으며, 위의 조환이 사마염에게 선양하는 등 여러 차례 선양이 있었습니다. 그러나 사실은 권력을 장악한 권신이 왕위를 찬탈하였으면서도 선양받았다고 주장한 것입니다.

이러한 위선적인 선양을 두고 일부에서는 요·순의 책임이 크다고 하였습니다. 심지어 한비자는 요순시대의 선양이 허구이며, 순·우가 요·순을 폐위, 감금시키고 제위에 올랐다고 주장하기도 하였습니다.

그렇다면 우리의 경우는 어떠했을까요? 『조선왕조실록』을 토대로 조선왕조 개창이 유교에서 의미하는 역성혁명에 해당되는지 살펴보겠습니다.

먼저, 공양왕은 스스로 왕위에서 물러난 게 아니라 강제로 폐위된 것입니다. 즉, 선양 조건 중의 하나인 자발적으로 왕위를 물려준 게 아닌 것입니다.

공양왕은 "내가 성품이 불민하여 일의 중요함을 알지 못하였다."고 스스로 부족함을 인정하였으나, 자진하여 왕위에서 물러날 생각은 없었습니다. 오히려 이성계와 동맹을 맺으면서까지 왕위를 놓지 않으려고 하였습니다. 이는 시중 배극렴이 "왕대비에게 아뢰어 폐위시켰다."는 기록에서도 알 수 있습니다. 자발적으로 왕위를 내려놓은 게 아니라 강제로 폐위된 것입니다. 이러한 사실은 이성계가 왕위에 오른 후 명나라에 왕위 등극을 알리기 위한 논의를 통해서도 확인할 수 있습니다. 『조선왕조실록』 1392년(태조 원년) 7월 18일에 다음과 같은 기록이 있습니다.

임시로 국사를 서리하는 요(瑤)가 그래도 허물을 고치지 아니하고 또 살육할 것을 꾀하므로, 온 나라 신민들이 실로 사직과 백성이 모두 그 해를 입을까 염려하고 두려워하여 거조를 잃고서는 어찌할 수가 없었습니다. 모두 생각하기를 이 같은 짓으로는 이 백성들을 다스리고 사직을 받들기가 어렵다고 하여, 1392년 7월 12일에 공민왕의 비 안씨의 명령으로써 요를 집에 물러가 있게 하였습니다.

따라서 대소신료들이 이성계를 왕으로 추대하면서, "공양왕이 사직과 백성의 주재자가 될 수 없음을 물어 알고 물러나와 집으로 갔다." 고 하여 왕이 스스로 왕위를 내려놓고 집으로 돌아간 것처럼 주장한 것은 사실이 아닙니다.

두 번째, 위의 기록에는 이성계가 창왕을 폐할 때 이미 천명을 받았으나 이성계가 사양하여 왕위에 오르지 않았다고 했습니다. 그러나 이성계는 왕위를 사양한 것이 아닙니다. 자신들이 주장한 명분 때문에 왕위에 오르지 못한 것뿐입니다.

이성계가 천명을 받았다는 것은 당시 군주였던 창왕이 하늘의 뜻에 어긋나는 정치를 하여 천명을 잃었음을 의미합니다. 창왕은 우왕 복위사건에 연루된 혐의로 폐위되었는데, 구체적으로 어떻게 가담하였는지 기록도 없습니다. 그리고 당시 창왕의 나이 열 살이었고 이성계가 섭정이었다는 점을 고려하면, 창왕이 하늘의 뜻에 어긋나는 정치를 하였다고 보기 어렵습니다.

이성계 일파는 창왕의 혈통을 문제 삼았습니다. 우왕이 신돈의 아들이므로 창왕도 왕씨가 아닌 신씨라는 것입니다. 천명은 왕씨에게 있는데 신씨가 왕씨를 사칭하여 왕위에 올랐으니 하늘의 뜻에 어긋난다는 논리였습니다. 따라서 천명을 잃은 창왕을 대신하여 새로이 천명을 받은 이성계가 왕위에 올랐어야 하는데, 이성계가 사양하여 왕위에 오르지 않았다는 것입니다.

그러나 이성계가 천명을 받았다 하더라도 자신들의 명분에 걸려 왕위에 오르지 못할 것일 뿐 왕위를 사양한 것이 아니었습니다. 이성계 일파는 폐가입진(廢假立眞)이라는 명분으로 창왕을 내쳤기 때문에 왕씨가 아닌 이씨를 왕으로 추대할 수 없었던 것입니다. 자기 발목을 자기가 잡은 셈입니다. 당시 이성계는 왕이 되고 싶었어도 왕위에 오를 수가 없었던 것입니다.

하는 수 없이 다음 기회를 기약해야 했습니다. 그래서 종친 중에서 자신의 입맛에 맞는 사람을 골라 왕위에 앉혔으니, 그가 바로 공양왕입니다. 왕조 교체를 이루기 위해서는 이제 공양왕을 끌어내려야 했습니다. 이성계 일파는 다시 천명을 내세웠습니다.

1392년 7월 12일 시중 배극렴이 왕대비에게 "지금 왕이 혼암하여 임금의 도리를 이미 잃고 인심도 이미 떠나갔으므로, 사직과 백성의 주재자가 될 수 없다."고 한 것은 왕이 천명을 잃었으니 폐위시켜야 한다는 논리였습니다. 그런데 공양왕은 "내가 본디 임금이 되고 싶지 않았는데 여러 신하들이 나를 강제로 왕으로 세웠습니다." 하여 자신의 의지로 왕위에 오른 것이 아니었다고 하였습니다.

공양왕에게는 처음부터 천명이 없었던 것입니다. 유교에서는 천명을 받지 않은 사람은 왕이 될 수 없습니다. 그런데 천명도 받지 않았고, 왕이 되기도 싫다는 사람을 강제로 왕으로 앉혀 놓고 "임시로 국사를 서리하게 했다."고 하여 사실상 왕으로 인정하지도 않았습니다. 스스로 자신의 행위를 부정한 것입니다.

또 1392년 7월 18일 명나라에 이성계의 왕위 등극을 알리기 위한 논의에서 "임시로 국사를 서리하는 공양왕이 허물을 고치지 아니하고 또 살육할 것을 꾀하므로, 온 나라 신민들이 사직과 백성이 모두 그 해를 입을까 염려하고 두려워하여 어떻게 해야 할지 몰랐다."고 하였습니다.

여기서 살육을 꾀하였다는 것은 아마 정몽주 일파에 의해 탄핵받은 정도전 등에 대한 처벌을 의미하는 것 같습니다. 공양왕이 정치를 잘못하여 천명을 잃었다는 것을 다시 강조한 것입니다.

그런데 이성계가 정말 천명을 받은 것일까요? 신료들은 "하늘이 왕위로서 이성계에게 명한 시기이었는데도"라 하여 마치 이성계가 천명을 받은 것처럼 말하였지만, 막상 이성계 본인은 "예로부터 제왕의 일어남은 천명이 있지 않으면 되지 않는다. 나는 실로 덕이 없는 사람인데 어찌 감히 이를 감당하겠는가?"고 하여, 자신에게 천명이 없다고 한 것입니다.

그러면서도 대소 신료와 한량 · 기로 등이 왕위에 오르기를 권고함이 간절하므로 이를 수락했다고 하였습니다. 스스로 천명이 없다고 하였으면서도 왕위에 오른 것입니다. 따라서 이성계가 왕위에 오른 것은 유교에서 말하는 역성혁명이 아닙니다. 반역입니다.

세 번째, 이성계는 대소신료와 한량 · 기로들의 추대를 받아들여 왕위에 올랐습니다. 선양을 가장한 전형적인 왕위 찬탈 행위입니다. 중국의 선양 사례와 마찬가지로 실권을 장악한 이성계가 공양왕을 강제로 물러나게 한 후 대소신료들의 왕위 추대를 받아 예의상 몇 번 사양하는 척하다가 이를 수락하는 방법으로 왕위에 올랐던 것입니다.

그런데 1392년 7월 18일 명나라 황제로부터 왕위 등극을 승인받기 위해 사신을 보내는 일을 논의하는 과정에서 "공양왕이 폐위된 뒤 종친 중에서 가려 뽑으려 했으나 세상의 인망에 당할 사람이 없었고 오직 이성계만이 온 나라 대소신료 · 한량 · 기로 · 군민들이 모두 왕으로 추대하므로 하는 수 없이 왕위에 올랐다."는 내용이 있습니다.

종친 중에서 가려 뽑으려 하였다는 내용은 이 기사 외에 찾아볼 수가 없습니다. 왕조 교체의 정당성을 높이기 위해 하지도 않은 일을 지어낸 것이라 생각됩니다.

마지막으로, 이성계가 왕위에 오른 후 전 왕조에 대해 유례없는 정치 보복을 가했습니다. 평화로운 왕조 교체가 아니었습니다.

선양을 통한 역성혁명은 군주 간의 평화적인 정권 이양을 전제로 하는데, 왕을 폐위시킨 후 왕대비가 왕을 대신하여 혈연관계가 없는 사람에게 왕위를 넘겨주었습니다. 왕대비에게 그럴 만한 권한이 있는지도 의문이 가지만 문제는 그 이후입니다. 이성계는 왕위에 오른 후에 새 왕조에 협조하지 않는 고려 유신들을 귀양 보내거나 본향에 안치하는 등 조정 내의 반대세력을 축출하였습니다.

또 이성계의 조정을 인정하지 않고 은거하는 인물도 많이 있었기 때문에 두문동사건과 같은 사태가 벌어지기도 했습니다. 두문동사건은 개성 두문동에 있는 유신들이 고려에 대한 충절을 지키기 위해 조선에서 시행한 과거에 응하지 않자 화재를 일으켜 유신들을 불에 타 숨지게 한 사건입니다. 이 사건은 야사로 전해 오는 이야기로 사실 여부는 알 수 없지만, 이 사건으로 '두문불출(杜門不出)'이란 말까지 생겼다고 하니 완전 거짓은 아닌 것 같습니다.

더 심각한 것은 왕족들에 대한 무자비한 숙청이었습니다. 공양왕은 1392년 7월 12일 왕대비에 의해 폐위되어 원주로 추방되었다가 얼마 후 간성군으로 옮겨 공양군으로 봉해졌습니다.

그러나 공양왕을 추방한 것만으로 안심이 되지 않은 창업공신들은 이성계가 왕위에 오른 지 3일 만에 왕씨 왕족의 후손들을 강화도와 거제도로 나누어 강제로 이주시켰으며, 얼마 후에는 거제도에 이주시킨 왕족들을 완주 · 상주 · 영해 등으로 나누어 거처하게 하였습니다.

그런데 다음 해 5월 박위 · 김가행 등이 국가의 안위와 왕씨의 명운을 놓고 맹인에게 점을 쳤다 하여 잡아 가둔 사건이 발생했습니다. 이 사건을 빌미로 대간과 형조에서 왕씨들이 반역을 도모한다며 왕씨 왕족을 제거해야 한다는 상소를 계속 올렸습니다.

『조선왕조실록』 1393년(태조 2년) 5월의 기록입니다.

이를 은덕으로 여기지 않고 도리어 반역을 도모하여 서로에게 틈이 벌어지게 되었으니, … 저들 김가행이 점친 것은 공양군이 있기 때문입니다. … 하물며 왕강과 왕격은 지모와 계략이 남보다 뛰어나고, 왕승보와 왕승귀는 사납고 용맹스러움이 남보다 뛰어났으니, 모두 능히 재주를 믿고 화란을 일으킬 만한 사람들입니다.

한마디로 공양왕이 살아 있고, 왕족 중에 인물이 있으니 언제라도 반란을 일으킬 수 있으므로 공양왕과 왕족들을 빨리 제거해야 한다는 것이었습니다. 처음에는 이성계도 이런 요구를 허락하지 않았지만 탄핵이 계속되자 마침내 1394년(태조 3년) 4월에 공양왕을 처형하고, 강화와 거제에 이주시킨 왕씨 왕족 후손들을 수장시켜 죽였습니다.

뒤이어 고려 왕조에서 왕씨로 사성받은 사람들은 모두 본성을 따르게 하고, 모든 왕씨의 성을 가진 사람은 왕족의 후손이 아니더라도 어머니의 성을 따르게 하는 등 왕씨의 성(姓)조차 쓸 수 없도록 하였습니다.

세계 왕조역사를 둘러보아도 이처럼 심하게 전 왕조를 짓밟은 사례는 없었습니다.

지금까지 살펴본 바에 따르면 1392년의 왕조 교체는 유교에서 말하는 역성혁명으로 보기 어렵다고 생각됩니다. 선양을 가장한 왕위 찬탈 행위라 할 수 있습니다.

'역성혁명'이라는 용어를 사용함에 있어 조선왕조 창업공신의 입장이 아닌 객관적인 눈으로 역사를 바라보아야 하겠습니다. "성공한 반란은 반란이 아니다."라고 하는 것은 당대의 시각입니다.

1413년 태종 이방원은 역성혁명을 이룬 왕조에서 전대의 군왕 자손을 죽인 것은 잘못되었다고 하였습니다. 조선왕조를 개창한 주역이 역성혁명에 문제가 있다고 인정한 셈입니다. 『조선왕조실록』 1413년(태종 13년) 11월 21일의 기록입니다.

이방원이, "역대 제왕이 역성혁명을 하여 전대의 자손을 베어 없앤 사실을 나는 사전(史典)에서 아직 보지 못하였다." 하니,

예조참의 이지강이 "요순시대와 한나라 · 당나라 · 송나라에서는 모두 보전하였고, 베어 없앤 것은 오직 오호와 오대의 임금뿐이었습니다."라고 대답하였다.

이방원이 다시 말했다. "법을 요 · 순 · 우 삼대에서 취하는 것이 마땅하지, 어찌 족히 오대의 쇠망한 세대의 일을 논하겠느냐? 태조(이

성계)가 개국하였을 초기에 전조의 후손이 보존을 받지 못한 것은 본래 태조의 뜻이 아니었고, 한두 대신이 왕조가 시작하는 때를 당하여 인심이 안정되지 않으니, 그 후예를 제거시켜서 여러 사람의 뜻을 하나로 하는 것이 마땅하다고 하였다. 내가 어렸고 고전을 알지 못하여 그 의논을 중지하도록 청하지 못한 것이 지금까지 한이 된다."

· 이성계는 조선을 건국한 것이 아니다

역사는 1392년 7월 17일 이성계가 왕위에 오른 날을 고려가 멸망하고 조선이 건국한 날로 보고 있습니다.

그런데 1392년 7월 28일 이성계가 중외의 대소 관료와 한량 · 기로 · 군민들에게 왕조개창에 따른 지시사항을 내린 교서에서 "나라 이름은 그전대로 고려라 하고, 의장과 법제는 한결같이 고려의 고사(故事)에 의거하게 한다."고 하여, 고려라는 국호를 계속 사용한다고 밝혔습니다. 이에 따라 고려의 멸망 시기를 언제로 볼 것인가에 대한 논란이 생겼습니다.

근대에 와서 정립된 개념이지만 국가는 국민과 영토, 그리고 주권으로 구성됩니다. 이른바 국가의 3요소설입니다.

여기서 말하는 주권은 국가의 의사를 최종적으로 결정하는 권력으로 대내적으로는 최고의 절대적 힘을 가지고, 대외적으로는 자주적 독립성을 가지고 있다고 보고 있습니다. 이것은 국가와 주권을 분리하여 국가라는 사회공동체 내에서의 지배권이 주권이라는 의미를 나타내고 있습니다.

주권이 누구에게 있느냐에 따라 군주제, 민주제, 귀족제 등으로 구분하며, 왕조국가에서는 주권이 군주에게 있다고 보고 있습니다.

중국에서는 하늘로부터 명령을 받은 사람만이 나라를 다스릴 수 있다고 보았습니다. 바로 천명사상입니다. 이에 따라 "왕조는 곧 국가"라는 인식하에 군주 가문의 교체는 기존 국가의 해체와 새로운 국가의 수립으로 보았습니다. 백성과 영토는 아랑곳하지 않고 오로지 주권만이 국가라고 본 것입니다.

이것은 중국의 역대왕조가 전쟁을 통하여 왕조의 흥망성쇠가 결정되었기 때문입니다. 전쟁에 패한 왕조는 흔적도 없이 사라지고 새로운 왕조가 그 자리를 차지하였습니다. 그리고 그때마다 백성과 영토에 변화가 있었습니다. 따라서 왕조가 망하면 국가가 해체되어 멸망하는 것으로 보는 것이 당연했던 것입니다.

그러나 왕위 찬탈을 포함한 선양의 경우는 다릅니다. 백성과 영토는 그대로인 채 왕조만 바뀐 것입니다. 이를 두고 새로운 국가 수립이라고 볼 것인지에 대하여는 약간의 차이가 있습니다.

한나라의 권신 왕망은 정권을 장악하고 황제를 폐하고는 제위에 올라 신(新)이라 하였으며, 당나라의 측천무후는 정권을 잡은 후 제위에 올라 국호를 주(周)로 고쳤으나, 이들 두 나라는 얼마 후 당초의 왕가 혈통이 다시 왕위에 오름으로써 한나라, 당나라가 계속되는 것으로 보고 있습니다.

반면 조조의 후손 조비는 한나라 헌제로부터 제위를 선양받는 형식으로 위(魏)나라를 세웠습니다. 조비는 원래 한나라의 제후국이었던 위나라의 왕이었습니다만, 이때부터 천자의 나라가 되었습니다. 위나라는 조환 때에 이르러 선조가 한 것과 같은 방식으로 진공이었던 사마염에게 제위를 물려주게 되고, 사마염은 국호를 진(晉)이라 하였습니다. 이들 두 나라는 천자의 나라가 된 시점에 건국한 것으로 보고 있습니다.

그러나 여기에 한 가지 문제가 있습니다. 제후국을 국가로 볼 경우는 군주가문이 바뀐 것이 아니기 때문에 천자의 나라 황제가 되더라도 새로운 나라를 세웠다고 볼 수 없게 됩니다. 즉, 제후국을 하나의 국가로 볼 것인가 하는 문제가 대두되는 것입니다. 중국에서는 위나라와 진나라의 건국 시기를 황제의 자리를 선양받은 날로 보고 있습니다. 제후국을 나라로 보지 않았던 것입니다.

유럽에서는 로마제국은 군주제국가였음에도 세습제가 아니었으며, 영국 · 프랑스 등의 경우는 군주 가문이 바뀌어도 새로운 국가 수립으로 보지 않고 기존 나라 이름을 그대로 사용하면서 튜더왕조, 부르봉왕조 식으로 불렀습니다.

프랑스의 루이14세가 "짐이 곧 국가"라고 했으나 이는 자신을 과시하기 위한 것일 뿐입니다. 즉, 유럽에서는 국가와 왕조를 분리하여 지배권을 가진 군주가문의 변경과 관계없이 국가라는 사회공동체는 계속성을 가진다고 본 것입니다.

그러면 우리의 경우는 어땠을까요? 우리나라도 중국과 마찬가지로 전쟁을 통하여 왕조 교체가 이루어졌기 때문에 고려까지는 왕조는 곧 국가라는 인식을 가지고 있었습니다.

그러나 예외가 있었습니다. 신라의 경우에는 박씨, 석씨, 김씨로 군주가문이 바뀌었음에도 이를 새로운 나라를 세운 것으로 보지 않았습니다. 특히 같은 김씨라도 내물왕부터는 중국 흉노 후손으로 왕통이 이어졌다고 주장하고 있습니다. 그러나 이를 두고 새로운 나라라고 하지 않습니다. 중국식 왕조 개념이 모든 것을 설명할 수 없는 것입니다.

왕조는 곧 국가라는 개념으로 조선왕조를 바라보면 왕조 교체가 이루어졌으니 전 왕조 고려는 멸망하고, 새로운 국가가 세워진 것이 맞습니다. 문제는 그 새로운 국가가 고려라는 것입니다. 고려라는 기존 국가가 해체되고, 고려라는 새로운 국가가 건국되었다니 선뜻 이해되지 않습니다.

우리는 지금까지 중국식 왕조개념을 당연한 것으로 받아들였습니다. 조선은 이성계가 왕위에 오른 날 건국되었으며, 대한제국이 멸망한 날이 조선이 멸망한 날이라고 생각하였습니다. 대한제국과 조선을 같은 나라로 본 것입니다. 심지어 대한제국의 역사는『조선왕조실록』에 같이 수록되어 있습니다.

대한제국은 비록 조선의 모든 것을 그대로 이어받은 채 외형만 독립국가라 칭한 것이지만, 중국의 속국이냐 아니냐 하는 중요한 정체의 변경이었습니다. 그동안 제후국 조선의 주권은 천자의 나라인 청나라에 의해 제한을 받아 왔습니다. 즉, 대외적으로 독립국가가 아니었던 것입니다. 대한제국수립을 선포하자 일본 · 미국을 비롯한 여러 나라에서 대한제국을 국가로 승인한 것만 보더라도, 대한제국을 조선과 같은 나라로 볼 수 없습니다.

1616년 누르하치가 세운 후금은 누르하치가 죽은 후 1636년 국호를 청으로 바꾸었습니다. 조선의 입장에서 후금은 천자의 나라가 아니었습니다만, 후금은 처음부터 중국의 제후국이 아니었습니다. 따라서 후금에서 청으로 국호만 바꾼 것일 뿐, 누르하치가 후금을 건국한 날이 곧 청나라의 건국일입니다.

대한제국을 조선과 같은 국가라고 보는 것은 조선에서 대한제국으로 국호만 변경했다고 보는 것입니다.

『삼국사기』에 신라의 처음 국호는 서라벌이었으며, 이후 사로, 서벌, 계림 등으로 부르다 마지막으로 신라로 국호를 변경하였지만 이들을 별개의 나라로 보지 않으며, 신라 말 궁예가 세운 고려(후고구려) 또한 마진, 태봉으로 국호를 변경하였지만 이를 새로운 국가로 보지 않습니다.

그러나 이들 나라들은 정체가 변경된 것이 아니기 때문에 중국의 제후국 조선이 황제의 나라 대한제국으로 국호를 변경한 것과 똑같이 볼 수 없습니다.

왕조국가를 어떻게 볼 것인가 하는 문제는 지역에 따라 시대에 따라 다양한 의견이 있을 수 있습니다. 조선왕조가 개창할 당시는 중국의 제후국으로서 중국식 왕조 개념에 따라 군주가문이 바뀌면 당연히 기존의 국가는 멸망하고 새로운 국가가 수립된 것으로 보았겠지만, 지금은 시대가 바뀌고 역사 인식도 많이 바뀌었습니다.

즉, 국가와 주권의 개념이 달라지고, 국가와 주권을 분리하여 생각하게 되었습니다. 왕조라는 것은 국가의 지배권일 뿐입니다.

이성계는 왕조 교체를 이룬 후에도 국호를 고려로 한다고 선언했습니다. 자신의 의지로 고려왕조를 계승한다고 한 것입니다. 이성계가 국호를 고친 것은 고려국왕으로 등극한 사실을 알리러 간 사신을 통해 명나라 황제가 국호를 고치라고 했기 때문입니다.

황제의 명을 받은 이성계는 11월 29일 조선과 화령이라는 두 개의 국호를 선정하여 명나라로 보내 다음 해 국호를 조선으로 정한다는 통지를 받았으며, 이때부터 고려라는 국호를 버리고 '조선(朝鮮)'이라 하였던 것입니다. 따라서 이성계가 왕위에 오른 날 조선이라는 국가가 건국되었다는 주장은 사실이 아닙니다.

결론적으로 918년 왕건에 의해 세워진 고려라는 국가는 1392년 7월 17일 왕씨에서 이씨로 군주가문이 바뀌었지만 국가는 계속 이어졌으며, 1393년 2월 15일 고려에서 조선으로 국호만 변경된 것입니다.

조선이라는 국가를 부정하자는 것이 아니라, 이성계가 조선을 세웠다는 것이 잘못이라는 것입니다. 고려와 조선이 전혀 다른 나라라는 생각을 바꿔야겠습니다.

3

반역의 시작 '위화도회군'

"만일 명나라 영토를 침범함으로써 천자로부터 벌을 받는다면 즉각 나라와 백성들에게 참화가 닥칠 것이다. 내가 이치를 들어서 회군을 요청하는 글을 올렸으나 주상께서는 잘 살피지 않으시고 최영 또한 노쇠해 말을 듣지 않는다. 이제는 그대들과 함께 직접 주상을 뵙고 무엇이 옳고 그른가를 자세히 아뢰고 측근의 악인들을 제거해 백성들을 안정시켜야 한다."

이성계가 장수들을 설득하자, "우리나라의 안위가 오직 공의 한 몸에 달렸으니 어찌 명령을 따르지 않겠습니까?"라고 모든 장수들이 동의했다.

『고려사』 1388년(우왕 14년) 5월 22일의 기록입니다. 고려 멸망으로 이어지는 반역의 역사가 시작된 것입니다.

1388년(우왕 14년) 4월 18일 조민수를 좌군도통사, 이성계를 우군도통사로 하여 5만여 명의 요동정벌군이 서경을 떠났습니다. 5월 7일 압록강 위화도에 도착한 이성계는 강의 물이 불어나 진군이 어렵다며 14일을 머무르면서 이른바 4대 불가론을 주장하면서 회군을 요구하였습니다. 그러나 당시 서경에 있던 우왕과 최영이 이를 받아들이지 않고 진군 명령을 내리자, 이성계는 조민수와 함께 정변을 모의하고 5월 22일 드디어 회군을 결행하였습니다. 이성계의 설득에 모든 장수들이 동의했다 하지만, 다른 의견이 있었다 하더라도 반대할 엄두도 못 냈을 것입니다. 주사위는 던져졌고, 이기면 충신이요 지면 역적이 되는 것입니다.

우왕과 최영의 요동정벌은 명나라의 철령이북지역 영유권 주장에 반발하면서 시작되었습니다. 그러나 그 이면에는 원 · 명 교체기라는 국제 정세와 명나라의 과도한 공물 요구, 그리고 우왕의 친정체제 구축 등 여러 가지 요인이 복합적으로 작용한 결과였습니다. 공민왕 때의 제1차 요동정벌도 우왕과 최영의 요동공략을 부추기는 요인으로 작용하였을 것입니다.

1388년 2월 명나라에서 귀국한 설장수가 "철령 이북지역을 요동에 귀속시키도록 하라."는 명나라 황제의 지시를 전했습니다. 그러자 우왕은 즉시 5도의 성곽을 수리하게 하는 한편, 장수들을 서북 국경지대로 보내 만약의 사태에 대비하게 했습니다. 그리고 최영과 요동공략에 관한 논의를 한 후 개경 각 방리의 군사를 동원해 한양의 중흥성을 수축하게 하였습니다. 또 사신을 명나라에 보내 철령위설치의 중지를 요청하였습니다.

우선 당시 대륙 정세와 고려의 상황을 살펴보겠습니다. 원나라가 홍건적의 난으로 혼란해지자, 원으로부터 고려의 자주성을 되찾고자 한 공민왕은 동녕부와 쌍성총관부를 탈환하고 정동행성을 폐지했습니다.

고려인이었지만 원나라 천호로 있던 이자춘과 그의 아들 이성계는 쌍성총관부를 탈환할 때 공민왕을 도왔으며 이후 고려에 귀순했습니다.

공민왕은 북원과는 국교를 단절하고 명나라에 사신을 파견하여 좋은 외교관계를 유지하면서, 1370년(공민왕 19년) 11월 명나라가 요동에 신경 쓰지 못할 때 요동을 공격하였습니다. 원 · 명 교체기의 혼란을 이용한 야심찬 계획으로, 이를 '제1차 요동정벌'이라 합니다. 고려는 요동을 공략하고 점유까지 하였으나, 군량 보급 등의 문제가 발생하여 결국 철수하고 말았습니다. 이때 총사령관은 이인임이었으며, 이성계도 참가하여 큰 전공을 세웠습니다.

이를 계기로 명나라는 고려에 대해 강경한 입장을 펴게 되지만, 요동지역에 원나라의 잔존세력인 나하추가 버티고 있고 북원과 전쟁을 계속해야 했던 명나라는 고려에 대해 유화책을 쓸 수밖에 없었습니다. 그리고 그런 상태로 몇 년이 지났습니다.

1374년(공민왕 23년) 9월 공민왕이 시해되는 사건이 발생하자, 이인임은 권신으로 변신하였습니다. 공민왕으로부터 후사를 부탁받았음을 내세워 공민왕 시해사건을 밝혀내고 우왕을 옹립함으로써 실권을 장악하였습니다.

그런데 얼마 후, 고려의 무장 김의가 명나라 사신 채빈을 살해하고 북원으로 귀순해 버리는 사건이 발생했습니다. 명나라 사신 임밀과 채빈은 고려에 왔다가 귀국하는 길이었고, 김의는 사신을 호송하던 무장이었습니다. 이 사건으로 고려와 명나라 사이의 외교관계는 험악해지고 말았습니다.

『고려사』에는 명나라 사신 피살에 이인임이 개입되었다는 기록이 있으나, 별로 믿음이 가지 않는 기록입니다. 우왕을 옹립하여 실권을 장악한 이인임이 굳이 명나라와의 관계를 악화시켜야 할 이유가 없기 때문입니다. 우왕을 신돈의 자식이라고 주장한 이성계 일파가 우왕을 옹립한 이인임을 헐뜯기 위한 것으로 생각됩니다.

명나라의 문책이 두려웠던 이인임은 북원과 외교관계를 복원하려 했습니다. 이인임이 공민왕에 대한 조문을 가지고 온 북원 사신을 맞으려 하자 정몽주, 정도전 등 신진사대부들은 친원정책을 반대하면서 이인임을 탄핵했지만 이인임은 오히려 이들을 유배시켜 버렸습니다.

이후 고려의 등거리외교는 한동안 계속되었는데, 이는 명나라가 북원과 전쟁 중이었으므로 고려에 대하여 신경 쓸 여유가 없었기 때문입니다.

1387년(우왕 10년) 8월 우왕이 왕위에 오른 후, 오랫동안 권신으로 군림해 온 이인임이 사직하고 같은 일파인 염흥방과 임견미 등이 자리를 대신합니다. 그러나 1388년 정월 염흥방 일파에 의해 조반의 옥사가 일어나자, 우왕은 최영과 이성계를 불러들여 이들을 제거하였습니다. 그리고 우왕은 최영을 문하시중으로, 이성계를 수문하시중으로 삼아 친정체제를 갖추어 갑니다.

한편, 명나라는 1387년 9월 원나라 잔여세력으로 요동지역을 차지하고 있던 나하추가 항복해 오자 고려사신의 입국을 금지하고 과다한 공물을 요구하는 등 강경한 입장으로 돌아섰습니다.

이때 요동으로부터 도망 온 사람이 명의 황제가 처녀 · 수재 · 환관 등 각각 1천 명과 우마 각각 1천 필을 요구하려 한다고 보고하여 도당에서 논란이 분분하자, 최영이 "이렇게 한다면 차라리 군사를 일으켜 공격하는 것이 좋겠다."고 하였습니다. 어찌 보면 최영의 요동공략은 이때 구상되었는지도 모르겠습니다.

1388년 2월, 철령 이북지역을 요동으로 귀속시키라는 명나라 황제의 지시를 접한 우왕과 최영은 요동공략을 본격적으로 논의하게 됩니다. 그리고 이때 요동공략을 반대하는 이자송을 유배 보낸 후 죽였습니다. 요동공략의 의지가 그만큼 강했던 것입니다.

명나라는 왜 철령위 설치를 통고했을까요? 이에 대해서는 명나라가 고려 영토를 탐내서가 아니라, 고려와 북원을 차단하기 위한 전략이라는 의견이 지배적입니다.

당시 명나라 황제 주원장은 대외정책에 있어서 엄포만 놓았지, 실제로 다른 나라에 대한 군사공격은 생각지 않는 실리 주의자였습니다. 그러나 틈만 나면 "알아서 하라"는 식의 협박은 계속 반복했습니다. 명나라 황제의 요구가 엄포라 하더라도 당하는 고려 입장에서는 그렇지 못합니다. 우왕은 조정대신들을 불러 철령이북지역의 반환 여부를 논의한 결과, 명나라의 요구를 받아들일 수 없다는 데 의견이 모아졌습니다.

그러나 그 해결책은 달랐습니다. 최영은 명나라의 압박에 능동적으로 대처하기 위해 전초기지인 요동을 공략해야 한다고 주장하였지만,

이성계와 정몽주를 비롯한 신진사대부들은 외교를 통하여 해결하자고 하였습니다.

그런 가운데 1388년 3월 서북면 도안무사 최원지가 "요동군사가 지휘 두 명에게 군사 1천 명을 딸려 보내 강계부에 와서 철령위를 설치하려 하고 있으며, 명나라 황제는 철령위에 진무 등의 관직을 두어 이들이 모두 요동에 도착했습니다. 이들은 요동에서 철령까지 70개소에 참을 설치했으며 각 참마다 백 호를 두었습니다."라는 보고를 올렸습니다.

이 소식을 들은 왕이 울음을 터뜨리며, "신하들이 요동을 정벌하려는 나의 전략을 반대하는 바람에 이런 사태가 발생했다."고 탄식하였습니다. 이성계를 비롯한 신진사대부들의 반대로 요동공략이 지체되어 이 지경에 이르렀다는 뜻이었습니다.

얼마 후 명나라에서 요동백호 왕득명을 보내 철령위를 설치한 사실을 통보하려 했으나, 우왕은 사신을 만나 주지도 않았습니다. 대신 이색이 왕득명을 찾아가 황제에게 잘 보고해 달라고 간청했으나, 왕득명은 자신이 처리할 일이 아니라고 대답하였습니다.

이 말을 전해 들은 최영이 노하여 사신을 따라서 방을 붙이러 온 요동군사 21명을 죽이고 5명은 구금시켰습니다. 전쟁도 불사하겠다는 결전 의지를 보여 준 것입니다.

우왕은 우현보를 시켜 개경을 유수하게 하는 한편 오부의 장정들을 군사로 징발했는데, 겉으로는 도성 서쪽 해주에서 사냥판을 벌인다고 내세웠으나 사실은 요동을 공격하려는 것이었습니다.

『고려사』에는 당시 전라도와 경상도는 왜적의 소굴이 되었고, 동·서·북쪽 지역은 명나라가 땅을 분할해 갈 것이 우려되었으며, 경기도·교주도·양광도는 성곽을 수축하느라 지쳐 있었고, 서해도·평양도는 사냥 나온 왕 일행의 영접에 바빴다고 하였습니다. 엎친 데 덮친 격으로 장정까지 징집하자 팔도가 모두 소란스러워지고 백성들은 농사를 망쳐 버리게 되어 온 나라에서 백성들의 원망하는 소리가 이인임·임견미·염흥방 때보다 높았다고 기록하여 요동정벌에 대해 민심이 부정적이었음을 묘사하고 있습니다.

전쟁을 준비하는 것이니 백성들의 불만이 없을 수야 없겠지만, 백성들의 원망을 과장함으로써 위화도회군을 합리화하려는 의도로 보입니다.

1388년 4월 1일 우왕은 최영과 이성계를 불러서 요동공략을 선언하였습니다. 『고려사』에 이 당시의 대화가 기록되어 있는데, 최영의 잘못을 크게 부각시켜 요동정벌의 책임이 최영에게 있다는 점을 강조하고 있습니다.

봉주에 머물고 있던 우왕이 이날 최영과 이성계를 불러 "요양을 공략하려고 하니 힘을 다하라."고 당부하자, 이성계는 다음과 같은 이유를 들어 반대했다.

"지금 군사를 동원하는 것이 안 될 이유가 네 가지가 있습니다.

첫째, 작은 나라가 큰 나라를 치는 것은 안 될 일입니다.

둘째, 여름철에 군사를 동원해서는 안 됩니다.

셋째, 온 나라의 군사들이 원정에 나서면 왜적이 허점을 노려 침구
　　할 것입니다.

넷째, 때가 장마철이라 활을 붙여 놓은 아교가 녹을 수 있으며 대군
　　이 전염병에 걸릴 것입니다."

이 말을 들은 우왕이 처음에는 수긍하는 빛을 보이자, 이성계가 물러나와 최영더러 "방금 했던 말로 내일 다시 왕을 설득해야 한다."고 말하니, 최영은 그 자리에서는 좋다고 했으나 밤에 다시 입궐하여 공격 이외 다른 간언을 용납하지 말라고 일렀다.

다음 날 우왕이 이성계를 불러 "이미 군사를 일으켰으니, 이제 와서 중지할 수 없다."고 하자, 이성계가 다시 반대했다.

"전하께서 꼭 이 계책을 추진한다면 일단 서경에 머물러 계시다가 가을철에 군사행동을 시작해야 합니다. 그 때는 대군이 먹을 군량이 풍족할 것이니 사기가 높은 가운데 행군할 수 있을 것입니다. 지금은 군사행동에 적합한 시기가 아니오니 비록 요동의 성 하나를 함락시키더라도 쏟아지는 비 때문에 군대가 더 이상 진격하지 못하면 군사가 지치고 군량이 떨어져 참화를 재촉하게 될 것입니다." 하면서 물러섰으나, 우왕이 "경은 군사행동을 반대하다가 죽은 이자송의 꼴을 보지 못하였는가?"라며 협박하니, 이성계는 "이자송이 비록 죽었으나 후대에 훌륭한 인물로 기억될 것입니다. 저희들은 살아 있긴 해도 이미 전략상 착오를 범했으니 무슨 쓸모가 있겠습니까?"라고 대답했다.

그래도 우왕이 막무가내로 말을 듣지 않자, 이성계는 물러 나와 슬피 울었다. 부하가 왜 그리 슬퍼하느냐고 묻자, 이성계는 "이제부터 백성들의 참화가 시작되었다."고 대답했다.

이성계의 4 불가론은 그동안 많은 논란을 가져왔고, 지금까지도 의견이 분분합니다. 4 불가론 중 두 번째부터 마지막 네 번째까지는 군사에 관한 내용입니다. 그러나 첫 번째 제시한 이유는 군사적이면서도 외교에 관한 문제입니다.

"작은 나라가 큰 나라를 칠 수 없다."는 것은 신진사대부들의 외교관을 대변한 것이었습니다. 성리학을 익힌 신진사대부들은 친명 사대주의를 당연하게 여기며 요동공략을 반대했습니다. 결과적으로 이성계의 불가론은 사대주의로 비판받게 됩니다.

작은 나라가 큰 나라를 칠 수 없다는 논리는 맹자가 제선왕의 물음에 답하는 가운데 나왔습니다. 『맹자』「양혜왕 하편」에는 다음과 같이 기록되어 있습니다.

제선왕(齊宣王)이 이웃 나라와 사귀는 데 지켜야 할 도리를 묻자,

"오직 지혜로운 사람만이 소국으로서 대국을 섬길 수 있습니다[惟智者爲能以小事大]. 그래서 구천은 오나라를 섬겼습니다. 소국의 통치자로서 대국을 섬기는 자는 하늘의 이치를 경외하는 사람입니다. 하늘의 이치를 경외하는 사람은 나라를 보전할 수 있습니다."

구천은 월나라의 왕으로 오나라 부차와의 전쟁에서 패하여 치욕스러운 조건으로 오나라와 화약을 맺었고, 자신은 오나라 왕 부차의 마부 노릇을 하는 굴욕을 감수해야 했으나 그 굴욕을 참고 와신상담(臥薪嘗膽)함으로써 결국에는 오나라를 멸망시켰습니다.

즉, 힘이 없을 때는 힘 있는 자에게 머리를 숙일 줄 아는 것이 지혜

로운 자들의 생존방식이라는 것으로, 이성계는 소국인 고려가 대국인 명나라를 침공해서는 안 된다고 주장한 것입니다.

그러나 이 주장은 작은 나라가 큰 나라를 상대로 싸워 승리한 수많은 역사를 설명할 수 없습니다. 전쟁은 단순히 나라가 크고 작은 데 있지 않기 때문입니다.

이성계의 입장에서는 철령이북의 땅을 내어줄 경우 쌍성총관부 출신인 자신의 기반을 송두리째 잃어버리게 되므로 명나라의 철령위 설치를 받아들이기 어려웠을 것임에도 그는 요동정벌을 반대했습니다. 그는 신진사대부들과 마찬가지로 명나라와 외교를 통한 해결을 원했던 것입니다.

그런데 이성계의 불가론이 사대주의에서 나온 것이 아니라는 생각을 해 봅니다. 전장을 누빈 무장 이성계로서는 정치적인 접근보다는 군사적인 면이나 전쟁에 따른 여파를 염려하지 않았을까 하는 것입니다.

이성계 자신은 제1차 요동정벌에 참여하였습니다. 당시 일시적으로 요동공략에 성공했지만 그 땅을 지킬 수 없어 철수하고 말았던 것을 기억하고 있었을 것입니다. 이번에도 같은 일이 벌어지지 않을까 걱정하지 않을 수 없었을 테고, 게다가 만일 명나라에게 패하기라도 한다면 온 나라가 전쟁에 휘말리게 될 것을 염려하지 않았을까 하는 것입니다.

고려는 세계 강국 원나라와 백 년 가까이 싸운 경험이 있습니다. 그러나 그 결과는 참담했습니다. 대국을 상대로 백 년 가까이 대항할 수 있었다는 자부심은 있었지만, 백성들의 삶은 이루 말할 수 없이 피폐해졌던 것입니다.

이성계를 위한 변명이 되겠지만 이성계의 4 불가론을 사대주의관점에서만 보면 안 된다는 얘기를 하고 싶습니다.

이러한 변명에도 불구하고, 이성계는 요동정벌에 있어서의 유리한 조건에 대해서는 아무 말도 하지 않았습니다. 즉, 반대를 위한 명분만을 얘기한 것입니다.

당시 명나라는 요동에서 군사를 동원해 북원을 공격하고 있었습니다. 그 바람에 요동성이 비어 있었습니다. 재빨리 공격하면 쉽게 성을 차지할 수도 있었고, 성을 굳게 지키면 요동에 큰 타격을 줄 수도 있었을 것입니다. 이성계는 무장으로서 첩보를 통해 이러한 사실을 알았을 것이고, 실제로 『동국통감』 1388년 4월 기록에 이런 정황이 서술되어 있습니다.

또 최영은 북원과 함께 요동을 협공하려고 북원에 사람을 보내기도 하였습니다. 그러나 이를 두고 『동국통감』에서는 사막으로 도망간 잔여세력이 북원이란 이름만 걸고 있음에도 그들에게 원병을 청한 최영에 대해 생각이 거칠고 소홀하였다고 혹평하고 있습니다.

이성계의 4대 불가론 주장에 대해 최영이 반박한 내용은 잘 알려져 있지 않습니다. 최영은 다음과 같이 반박하였다고 합니다.

첫째, 명나라가 대국이긴 하지만 북원과의 전쟁으로 요동 방비는 허술하다.

둘째, 요동을 공격하면 가을에도 경작이 가능하기에 군량 확보가 가능하다.

셋째, 장마철이라는 조건은 명나라도 같으며, 명나라 군사들이 장마철에 싸우는 걸 더 싫어한다.

그리고, 왜구는 정규군이 아니기 때문에 국가의 존망을 위협한다고 보기는 무리가 있다.

이성계의 4 불가론을 조목조목 반박함으로써 요동정벌 의지를 재확인하였습니다. 우왕은 평양에 머물면서 각 도 병사들 징집을 독려해 압록강에 부교를 놓게 하였고, 전국 승려들을 군사로 징발하고, 경기도의 군사를 추려서 진지를 구축하여 왜적에 대비하게 했습니다.

이런 준비가 끝나자 우왕은 최영을 팔도도통사로, 조민수를 좌군도통사로, 이성계를 우군도통사로 삼았습니다.

요동정벌군은 총 5만여 명으로, 좌군과 우군을 합친 총 병력은 38,830명이었고, 사역하는 인원이 11,634명이었으며, 동원된 말이 21,682필이었습니다.

군사가 출발하자 최영이 우왕에게 "지금 대군이 장도에 올랐는데 만일 열흘이나 달포가량 지체한다면 대사를 성취할 수 없으니 가서 독려하겠습니다." 하였으나, 우왕이 말렸습니다. 군 최고 지휘관을 후방에 머물게 한 큰 실책이었습니다.

당시 고려의 국력으로 요동정벌이 가능했을까요? 당시 명나라와 고려의 군사력을 비교할 때 결코 고려군이 우위에 있다고 볼 수는 없습니다. 그러나 군사력 비교라는 것은 전장 가까이 있는 군사력만을 비교하는 것이기 때문에 총 군사력은 별 의미가 없습니다. 그리고 명나라는 북원과의 결전을 앞둔 시점이었으므로 변방인 요동까지 신경 쓰기가 어려웠을 수 있습니다.

거기에다가 최영이 구상한 대로 북원 잔여세력의 도움을 받을 수도 있었을 것입니다. 요동정벌에 성공한 후 여건이 불리해진다면 제1차 요동정벌의 경우처럼 철수하면 되니, 해 볼 만한 싸움으로 생각할 수도 있었습니다.

그러나 고려가 요동정벌군을 출발시키기 얼마 전 명나라군은 북원을 거의 괴멸시키다시피 대승을 거두었기 때문에 명나라가 북원을 상대로 싸우는 혼란한 틈을 이용하려 하는 계획이 통할지 알 수 없게 되어 버렸습니다. 이성계의 불가론은 논외로 하더라도 전쟁의 승패를 장담할 수 없게 된 것입니다.

1388년 4월 18일 서경을 떠난 요동정벌군은 5월 7일에 압록강을 건너 위화도에 진지를 구축했습니다. 그런데 정벌군은 위화도에서 더 나아가지 않고 머뭇거렸습니다. 신속히 움직여야 할 정벌군이 진군을 멈춘 것입니다. 이때 이미 이성계의 반역이 시작된 것이 아닐까 생각합니다.

그리고 주둔한 지 4일 뒤에야 이성원수 홍인계와 강계원수 이의를 요동 땅에 보내 사람을 죽이고 재물을 빼앗아 돌아왔습니다. 일종의 정탐활동이었던 것입니다.

최영이 우왕에게 개경으로 돌아가기를 청하며 자신은 여러 장수들을 지휘하겠다고 하자, 우왕은 “공민왕이 시해를 당한 것은 경이 남쪽으로 원정을 가서 공민왕 곁에 없었기 때문이니 내가 어찌 하루인들경과 함께 거처하지 않을 수 있겠는가?" 하면서 돌아가지 않았으며 최영 또한 군사들에게 가지 않았습니다.

두 번째 군사적 실책을 자초한 것입니다. 이때 최영이 지휘를 했다면 위화도회군은 일어나지 않았을 것입니다.

정탐군이 돌아온 뒤 정탐활동을 분석한 결과인지는 모르겠지만, 처음부터 이 전쟁을 반대한 이성계는 조민수를 설득하여 우왕과 최영에게 회군을 건의하였습니다.

이들은 먼저 강물이 불어 진군이 어렵다고 하였습니다.

"뗏목을 타고 강을 건너는데 비로 물이 불어나 큰 내가 앞을 가로막았습니다. 첫 번째 여울에서 수백 명이 허우적거리다 익사했으며, 두 번째 여울은 더욱 깊어 강 중간의 모래톱 가운데 머문 채 군량만 허비하고 있습니다. 이곳에서 요동성에 이르기까지는 군데군데 큰 내가 있어 쉽게 건너기가 어려울 듯합니다."

이어서 철령위 설치를 중지해 달라는 표문을 올렸으면서 황제의 회신을 기다리지 않고 출병한 것은 잘못이라는 지적과 함께 자신의 불가론을 되풀이하였습니다.

"작은 나라가 큰 나라를 섬기는 것은 나라를 지켜 나가는 길이니 … 철령위를 설치했다는 소식을 들으시자 박의중을 시켜 표문을 가지고 황제에게 그 부당함을 건의한 것은 매우 훌륭한 계책이었습니다.

그러나 황제의 명령이 내리기도 전에 갑자기 큰 나라를 침범하는 것은 국가와 백성들에게 결코 옳은 일이라고 할 수 없습니다.

게다가 지금은 장맛비에 활줄이 느슨해지고 갑옷이 무거워 군사와 말이 모두 지쳐 있으니 억지로 몰아서 진격시킬 경우 방비태세가 굳건한 성을 아무리 공격해도 함락시키지 못하고 결국 승리를 거두지 못할 것이 뻔합니다. 이러한 때 군량의 보급이 끊어져 오도가도 못 하는 상황이 되면 장차 어떻게 대처하겠습니까? 부디 회군의 특명을 내리시어 온 나라 백성들의 소망에 부응하시기 바랍니다."

이이화는『한국사 이야기』에서, "어느 냇물을 말하는지 모르겠으나 단동에서 봉황성까지 가는 길에는 큰 내가 없다. 이 일대의 요충지인 봉황성을 공격하지 않았다면 이 설명은 거짓이다. 봉황성을 지나도 임진강 정도의 강물은 없다. 요하의 지류인 태자하도 옆으로 비껴 흐른다."고 하여, 이성계가 두 여울이 험하고 깊다고 한 것은 과장이거나 거짓이었다고 주장하였습니다.

그러나 우왕과 최영은 회군을 허락하지 않고, 환관 김완을 보내 부대의 진격을 독려하게 했으나 이성계는 오히려 김완을 군중에 억류한 채 돌려보내지 않았습니다. 김완을 억류한 것은 반역하겠다는 뜻을 굳힌 것이라 생각됩니다.

이성계와 조민수는 다시 최영에게 사람을 보내 굶어 죽는 군사가 속출하는 데다 수심이 깊어 더 이상 진격하기가 곤란하니 조속히 회군을 허락해 달라고 건의했으나, 최영은 개의치 않았습니다.

이성계는 휘하 친위병을 거느리고 동북 방면을 향해 진군을 시작했다는 유언비어를 퍼뜨렸습니다. 군사들이 크게 동요하자, 조민수가 어쩔 줄 몰라 이성계에게 달려가 눈물을 흘리며 만류했습니다. 이성계가 돌아가 버리면 조민수는 군령을 어긴 역적이 되어 처벌을 면할 수 없게 되니 반역에 가담할 수밖에 없게 된 것입니다. 그러자 이성계는 "제가 떠날 리 있겠습니까?" 하며 달래고는, 여러 장수들을 불러 회군을 설득하였습니다.

1388년 5월 22일, 드디어 회군이 시작되었습니다. 이성계와 조민수의 반란군이 위화도에서 회군하여 남하할 당시 서경에 머무르고 있던 우왕과 최영은 회군 소식을 듣고 급히 개경으로 돌아와 병력을 모았습니다. 그러나 군사 대부분이 요동정벌군에 속해 있고, 나머지 병력은 왜구의 침입을 막기 위하여 지방에 있었기 때문에 개경에서는 반란군에 맞설 군대를 조직할 수 없었습니다.

특히 반란군의 개경도착이 우왕이 개경에 도착한 다음 날이니 승패는 이미 결정 난 것이나 마찬가지였습니다.

1388년 6월 1일, 개경에 도착한 이성계는 그동안 군중에 억류했던 환관 김완을 통해 "최영이 조종 이래로 큰 나라를 섬기던 뜻을 망각한 채 먼저 대군을 일으켜 상국을 침범하려 했습니다. … 지금 최영을 제거하지 않으면 필시 나라가 전복되고 말 것입니다."라는 글을 올렸습니다.

자신은 대의에 거역하는 요동정벌을 주장한 최영을 제거하기 위해 회군한 것일 뿐, 우왕에게 반역할 생각은 없다는 의사표시인 것입니다.

그러나 우왕은 장수들을 회유하는 글을 보냈습니다.

"명령에 따라 출정했으면서 진군하라는 지시를 위반한 데다, 군사를 이끌고 대궐을 침범하려 하니 또한 이는 인륜을 어기는 짓"이라고 하면서, "요동정벌은 여러 사람들과 논의 했으며, 그 당시 모두 옳다고 했었는데 이제 와서 어찌 감히 어기는가?" 그리고 다시 설장수를 군영으로 보내 장수들에게 술을 하사하는 한편 그들의 의도를 파악하게 하였으나, 장수들은 도성문 밖까지 진격해 진지를 구축하였습니다. 이미 반역에 가담했으니 물러설 수 없었던 것입니다.

우왕은 궁궐 창고의 금과 비단을 내어 군사를 모았으나 6월 3일 개경은 반란군에 의해 함락되고 말았으며, 우왕과 같이 있던 최영은 곽충보 등 반란군에게 끌려서 고양으로 유배 가게 되었습니다.

이때 이성계가 최영더러 "이번 사태는 내 본심에서 일으킨 일이 아닙니다. 그러나 요동정벌이 대의에 거역되는 일일 뿐만 아니라 나라가 불안해지고 백성들이 고통을 겪어 원한이 하늘에 사무쳤기 때문에 부득이 이런 일을 일으켰던 것입니다. 부디 잘 가십시오." 하면서 마주 보고 울었다고 합니다.

조민수와 이성계 그리고 원수 36명은 대궐에 나가 사례하고 군문 밖으로 돌아갔습니다.

다음 날 다시 홍무 연호를 사용하는 한편, 몽고 복장을 금지시켰으며, 조민수를 좌시중으로, 이성계를 우시중으로, 조준을 첨서밀직사사겸 대사헌으로 임명했습니다.

반란군 여러 장수들이 성에 들어가 흥국사에서 회의하여 각 도에서 진행 중인 성곽의 수축과 군사 징집을 모두 중지시켰습니다. 이들은 우왕의 재가도 받지 않은 채 국정을 자신들 마음대로 처리한 것입니다.

그런데 이날 밤 우왕이 환관 80여 명과 무장을 하고 이성계와 조민수, 변안열의 집으로 쳐들어갔다가 집에 아무도 없자 되돌아 나오고 말았습니다. 우왕이 자충수를 둔 것이었습니다. 다음 날 반란군은 심덕부 등을 대궐로 보내 궁궐 안의 병장기를 모두 회수하였습니다.

이제 우왕을 처리하는 문제가 남았습니다. 반란군은 요동정벌의 모든 책임을 최영 혼자에게만 지울 수 없었습니다. 우왕을 그대로 둘 경우, 자신들의 반란명분이 희석될 수 있기 때문입니다. 게다가 우왕은 환관들을 동원해 자신들을 습격까지 했으니 어떠한 방법으로든 왕을 처리해야 했습니다. 『고려사』에는 우왕의 마지막 모습이 다음과 같이 기록되어 있습니다.

장수들이 최영의 딸 영비의 축출을 요구하자, 우왕은 "영비를 축출하면 나도 함께 나갈 것이다."라며 버티었다.

이에 원수들이 부대를 동원해 대궐을 지키면서, 우왕더러 강화도로 갈 것을 요구했다. 우왕이 어쩔 수 없이 대궐을 나와 채찍을 잡고 말안장에 올라 "오늘은 벌써 날이 저물었다."고 말하니 곁에 있던 사람들이 엎드려 눈물을 흘릴 뿐 아무도 대꾸하지 않았다.

결국 왕은 영비 및 연쌍비와 함께 강화로 떠났다.

이 기록은 반란군이 우왕을 강제로 쫓아낸 것이 아니라 왕 스스로 나갔다는 의미로 읽을 수 있는 대목입니다.

『고려사』 1388년 6월 정비의 창왕옹립 교서에 "최영은 축출되고 왕도 잘못을 뉘우쳐 스스로 왕위를 물려주었다."고 하여, 우왕이 창왕에게 양위한 것으로 되어 있습니다.

그리고 우왕은 폐위되어 강화도로 쫓겨났음에도 창왕이 즉위한 후 우왕 복위사건으로 폐서인이 될 때까지 상왕으로 불리며, 상왕의 예우를 받았습니다.

위화도회군에 대해서는 평소부터 새 왕조 개창을 꿈꾸던 이성계가 자신의 반대에 불구하고 요동정벌이 추진되자, 이를 계기로 정변을 일으킬 것을 모의하였다는 주장이 있습니다.

요동정벌군이 압록강에 도착하고도 장마로 물이 불어나 진군이 어렵다며 14일이나 머무른 것이, 장맛비로 어쩔 수 없었기 때문이 아니라 조민수를 설득하기 위한 시간 벌기라는 등 철저하게 계획된 군사작전이라는 주장입니다.

회군이 결정되자 위화도를 출발한 반란군은 불과 10일 만에 개경에 도착했습니다. 당초 요동정벌을 위해 서경에서 출발한 정벌군이 압록강까지 가는 데 20일이 걸린 것을 감안한다면 출정 때보다 두 배나 먼 거리를 절반의 기간에 남하한 것입니다. 이는 조선 병자호란 때 청나라 군대가 압록강을 건넌 지 7일 만에 한양에 도착한 것과 비교될 정도로 빠른 속도로 회군한 것입니다.

병자호란 때의 청나라군은 요동정벌군과는 많은 차이가 있습니다. 그들은 기마병으로 경유지에 대한 공략을 생략한 채 곧바로 한양으로 진격한 것입니다. 그러한 군사행동과 비슷한 속도로 회군을 했다는 것은 반란군 역시 개경을 목표로 질주했다는 뜻이기도 합니다. 중간에 반란군 일부가 이탈했을 것 같습니다.

반란군 회군 속도를 감안하면, 이성계 일파의 사전음모가 있었다고 의심할 수 있습니다. 그런 면에서 반란군이 너무 급히 진격하면 필시 전투가 벌어질 것이고, 그렇게 되면 많은 사람이 죽게 된다며 행군 도중에 일부러 사냥을 하면서 진격 속도를 늦추었다는 『고려사』와 『동국통감』의 기록은 믿을 수 없습니다.

따라서 이성계가 처음부터 정변을 꿈꾸고 시기만을 엿보던 중 요동정벌을 이용해 반역을 도모하려 했다는 주장은 공감할 수 있는 부분이 많다고 하겠습니다.

이러한 주장을 뒷받침하는 내용 몇 가지가 『고려사』와 『동국통감』에 실려 있습니다. 이와 같은 사실을 기록으로 남긴 것은 위화도회군을 감행할 때 이미 민심이 이성계에게 있었다는 점을 부각시켜 회군의 명분을 합리화하고 조선왕조 개창의 정당성을 확보하기 위함이었을 것입니다.

먼저 위화도에서 회군할 때의 기록입니다.

당시 여러 날 장맛비가 내렸어도 강물이 불어나지 않다가 군사가 회군하여 강을 다 건너자 큰물이 갑자기 들이닥쳐 섬 전체가 완전히 잠겨 버리니 사람들이 신기하게 여겼다.

…

그때 유행하던 동요에 "목자득국(木子得國)"이란 말이 있어 군사들과 백성들이 노소를 막론하고 모두 노래를 부르곤 하였다.

목자득국(木子得國)이란 이씨가 나라를 얻는다는 뜻이니, 이때 벌써 이성계는 왕이 될 꿈을 가지고 있었다는 의미가 됩니다.

그러나 여기에는 모순이 있습니다. 이성계는 장마로 물이 불어나 진군이 어렵다면서 14일간이나 위화도에 머물렀는데, 여기에서는 장맛비가 내렸어도 강물이 불어나지 않았다고 한 것입니다.

그리고 최영이 반란군에게 사로잡혀 귀양을 가면서, "국가가 장차는 반드시 이씨에게 돌아갈 것"이라는 이인임의 예언을 떠올리며 "이인임의 말이 참으로 옳았다."며 탄식했다는 내용이 기록에 나와 있습니다.

또 다음과 같은 동요가 퍼졌다고 합니다.

서경의 성 밖에는 번쩍이는 불빛이요
안주(安州)성 밖에는 자욱한 연기라
그 사이로 오가시는 이성계 원수여
바라건대 이 백성을 구원해 건지소서.

이외에도 『조선왕조실록』에는 이성계가 왕위에 오르기 전 잠저에 있을 때 여러 가지 개국의 조짐이 나타났다고 기록하고 있습니다. 이는 왕조 교체가 하늘의 뜻이었음을 강조하려는 의도였습니다.

우왕이 강화도로 쫓겨난 다음 날 왕대비의 전교에 의해 우왕의 아들 창이 왕위에 올랐는데, 창왕은 우왕의 외아들로 즉위 당시 그의 나이는 9세였습니다. 창왕의 즉위는 이성계 일파를 당혹하게 만들면서 반란군세력의 분열과 권력 다툼으로 이어지게 됩니다.

이성계와 조민수의 반란군이 우왕을 내친 것을 두고 반역인가, 방벌인가 하는 논란이 있습니다. 맹자는 잘못된 왕은 갈아치울 수 있다는 혁명론을 지지하였습니다. 이에 대한 내용이 『맹자』「양혜왕 하편」에 있습니다.

제나라 선왕이, "탕왕은 걸왕을 내쫓았고, 무왕은 주왕을 정벌했다고 하는데, 그런 사실이 있습니까?"라고 묻자,
맹자가 "기록에 그러한 사실이 있습니다."라고 대답했다.
왕이 물었다. "신하가 임금을 시해하는 것이 옳습니까?"
맹자가 대답했다. "인(仁)을 해치는 자를 적(賊)이라 하고, 의(義)를 해치는 자를 잔(殘)이라 하며, 잔적지인(殘賊之人)을 필부라 하니, 탕왕과 무왕께서 필부를 벌하였다는 말은 들었어도 임금을 시해하였다는 말을 듣지 못하였습니다."

제선왕은 탕왕이나 무왕이 그들이 천자로 섬기던 걸왕과 주왕을 내쫓은 것은 신하의 도리를 저버린 반역인지를 물었습니다. 이 물음은 탕왕이나 무왕을 어진 군주로 받들고 있는 유학자들을 비판하려는 것이었습니다. 이에 대하여 맹자는 공자의 정명(正名)사상을 빌어 대답

했습니다. 공자의 정명사상은 "군자는 군자다워야 하고, 신하는 신하다워야 한다[君君 臣臣]."는 명제에서 잘 드러납니다. 유가에서 말하는 군주다움이란 덕을 지니고 백성을 위한 어진 정치를 행하는 것입니다. 군주다운 군주만이 진정한 왕이라 할 수 있고, 포악하고 백성을 억압함으로써 군주다움을 상실한 군주는 이미 군주가 아니라 한 명의 필부에 불과하다는 것입니다.

따라서 맹자는 탕왕과 무왕이 걸과 주를 내쫓거나 죽인 것은 신하가 군주를 내친 게 아니라 인과 의를 해치는 한 필부를 처벌한 것일 뿐이라고 설명하였습니다.

그러나 맹자의 혁명론은 혁명주체의 엄격한 도덕성을 요구하고 있습니다. 즉 신하가 탕왕이나 무왕과 같이 어질고, 제왕이 걸(桀)과 주(紂)처럼 포악했을 때에만 신하가 임금을 칠 수 있다고 한 것입니다.

우왕의 생활에 문제가 없던 것은 아니었지만 걸과 주처럼 포악하지 않았고, 이성계와 조민수가 탕왕이나 무왕과 같이 어질다고 할 수도 없습니다. 따라서 반란군이 우왕을 폐위시킨 것은 맹자의 혁명론으로 설명할 수 없습니다. 즉, 이신벌군(以臣伐君)으로 신하의 도리를 저버린 반역행위에 해당됩니다.

그렇지만 정몽주 등 신진사대부들은 위화도회군을 지지했으며, 심지어 윤소종은 이성계에게 "곽광전"을 올려 우왕을 내치도록 부추기기까지 하였습니다. 유교적 의리론과 명분을 애써 외면하였던 것입니다.

그러나 반란군이 왕을 쫓아낼 필요가 없게 되었습니다. 영비를 축출하려고 하자, 우왕이 스스로 궁궐을 나가겠다고 한 것입니다. 반란군이 왕을 내쫓지 않았으니 이신벌군(以臣伐君)에 해당되지 않게 되었습니다. 이성계는 요동정벌을 주도한 최영을 처단한 것일 뿐, 군주에게 반역한 것이 아니라는 논리가 가능해진 것입니다.

전쟁은 백성들의 삶을 어렵게 합니다. 위화도회군으로 전쟁이 일어나지 않은 것은 백성을 위해 다행이었습니다. 그러나 고려는 원나라에 이어 스스로 명나라의 제후국이 되었으며, 이는 조선왕조로 계속 이어졌습니다.

명나라에서는 고려 우왕이 요동정벌을 위해 군사를 일으켰다는 소식을 듣자 이에 맞서 군대를 출병시키기 위해 황제가 종묘에서 사흘 동안 재계하다가, 회군소식을 접하고 바로 재계를 중지하였다고 합니다. 명나라 황제는 철령위 설치를 통고함으로써 고려조정의 내분을 일으켰고, 그 결과 고려가 스스로 복종하도록 만들었습니다. 주원장의 대외정책이 성공한 것입니다.

“반란은 거의 다 실패한다. 왜냐하면 진압된 반란은 백성을 속이고 세상을 어지럽힌 천하의 대역죄인이고, 반란이 성공한다면 그것을 감히 반란이라고 할 수 있는 세력이 없기 때문이다.”

예나 지금이나 변함없는 명제입니다.

4

청렴 · 충직한 고려의 충신 '최영'

최영은 개국공신 후예로 공민왕의 신임을 받아 그 충의를 떨쳤습니다. … 임견미 등이 조정을 어지럽히고 왕실에 손상을 입히자 위로는 하늘이 노하고 아래로는 백성들이 원망했습니다. 이에 최영이 충의를 떨쳐 그들을 숙청하였으니 그는 진실로 사직을 지키는 신하라 할 수 있습니다. 그러나 제대로 배우지 못해 아무 학문이 없는 데다가 늙기까지 한 탓으로 대국을 섬기는 예에 어두운 나머지 임금에게 서쪽지역으로 행하기를 권고한 후 신하들을 위협해 독단으로 일을 결정지었습니다. 마침내 요동정벌을 단행함으로써 천자께 죄를 짓고 백성들에게 해독을 끼쳤으며 사직을 거의 전복되게 만들었으니 앞서 세운 공로가 모두 허사로 돌아갔습니다. 최영이 공로가 있으면서도 불행히 이런 반역의 죄를 지었으니 진실로 온 나라 사람이 애석하게 여기는 바이나 …

1388년(창왕 원년) 12월, 최영을 처형해야 한다는 전법 및 낭사의 상소입니다. 최영을 죽이자고 하면서도 최영이 진실로 사직을 지키는 신하라고 하여 그의 충절을 높이 산 것을 알 수 있습니다. 그러면서 요동정벌을 단행함으로써 천자께 죄를 지었다고 하였습니다.

다음은 1388년 12월 『동국통감』의 기록입니다. 최영의 청렴함을 극구 칭찬하고 있습니다.

최영은 철원 사람으로 … 굳세고 곧으며 충성스럽고 청백하였다. 나이 16세 때에 아버지 최원직이 죽음에 임하여 경계하여 말하길 '황금을 보기를 돌같이 하라.' 하니 최영은 유훈을 마음에 새겨 잊지 않고 산업을 일삼지 않았다. 사는 집이 낮고 좁으며 의복과 음식을 검소하게 하여 …

오랫동안 장상으로서 중병(重兵)을 장악하고 있었으나, 뇌물과 청탁이 그에게 이르지 못하였으니 세상에서 그 청렴함에 탄복하였다.

최영을 처형해야 하는 이유는 단 하나, 요동정벌을 단행한 데 있었습니다. 다른 것으로는 최영의 죄를 물을 수 없었던 것입니다.

창왕이 즉위한 후 반란군은 서둘러 최영을 처형했습니다. 최영을 살려 둘 경우 자칫 민심이 동요할 것이 우려되었기 때문이었습니다. 그때 그의 나이가 일흔 셋으로, 처형을 받으면서도 말씨나 얼굴빛이 전혀 흔들리지 않았습니다.

최영이 죽는 날에는 개경 사람들이 모두 철시했으며 멀고 가까운 지역의 사람들이 그 소식을 듣고는 길거리의 아이들과 시골의 여인네까지도 모두 눈물을 흘렸다고 합니다. 또 시신이 버려지자, 길 가는 사람들이 모두 말에서 내렸다고 하였습니다. 최영이 백성들로부터 얼마나 두터운 신망을 받고 있었는지 알 수 있는 대목입니다.

최영은 왕건의 고려 개창을 도운 권문세족 출신으로서 문신가문에 태어났으면서도 병서를 읽고 무술을 익혀 무장의 길을 걸었습니다. 그가 무인으로 첫발을 디딘 것은 양광도 도순무사 휘하에 있으면서 수차례 왜구를 토벌하면서부터 시작되었습니다.

공민왕 원년(1352년) 왕을 위협할 정도로 권세를 누리던 권신 조일신을 제거하는 데 힘을 보태며 호군으로 임명되었으며, 공민왕의 지시에 따라 원나라를 도와 강소성, 안휘성 등 여러 전투에 참여하기도 하였습니다. 이후에 홍건적의 침입과 왜적을 물리치면서 명성을 높였습니다.

그러나 신돈과는 사이가 나빴는지 신돈이 최영을 무고하여 유배되기도 하였습니다.

1374년 명나라에서 제주 말 2천 필을 바치라는 지시가 있었습니다. 당시 제주도는 원나라에서 직접 관할하고 있었는데, 제주목호가 말 3백 필만을 보내오자 공민왕은 제주를 토벌하기로 하였습니다.

최영이 도통사가 되어 제주를 토벌하고 귀환하였을 때는 왕이 이미 죽은 후였습니다.

1376년(우왕 2년) 왜적이 논산지방으로 침입해 오자, 최영이 나아가 적을 대파하였습니다. 우왕이 전공을 가려서 시중과 나란한 벼슬을 주었으나, 최영은 시중이 되면 자유롭게 지방으로 나갈 수 없으니 왜구가 평정된 후에 받겠다면서 사양했습니다. 시중은 고려의 가장 높은 관직중 하나입니다. 그런 자리를 마다한 것은 최영이 벼슬에 연연하지 않았다는 뜻이기도 합니다.

이후 최영은 우왕에 대하여 간언을 서슴지 않았습니다. 소위 쓴소리를 많이 한 것입니다. 1388년(우왕 14년) 조반의 옥사가 일어나자, 우왕은 최영을 불러 이성계와 함께 임견미와 염흥방 등 이인임 일파를 처단하였습니다.

이때 최영은 시중으로 임명되었습니다. 우왕은 자신에게 거침없이 쓴소리를 해대는 최영을 자기편으로 끌어안은 것입니다. 이후 최영은 우왕의 최측근이 되었습니다.

3월에는 최영의 딸이 우왕의 비로 들어갔습니다. 우왕이 최영을 자신의 든든한 정치적 후견인으로 만들려고 일종의 혼인동맹을 맺은 것입니다. 그리고 함께 요동정벌을 추진하였습니다.

최영은 충직하고 청렴하여 사직을 지키는 진실한 신하라는 평가와 함께 시대 흐름을 읽지 못하고 고집스럽다는 평가를 같이 받고 있습니다. 이는 아마도 요동정벌과 관련이 있을 듯합니다.

이성계 일파는 요동정벌의 책임이 최영에게 있다고 보았습니다. 반란군 세력이 개경을 함락시킨 후 조정에 보낸 글에서 "최영을 제거하지 않으면 필시 나라가 전복되고 말 것이다."고 한 것도 이러한 시각이 반영된 것이었습니다.

최영은 전부터 명나라의 과도한 공물 요구에 반감을 가지고 있었습니다. 그러던 차에 명나라 황제가 철령이북지역을 요동으로 귀속시키라고 하자, 그동안 쌓였던 반감이 폭발했다고 보아야 할 것입니다.

최영은 우왕과 함께 요동공략을 논의했습니다. 그리고 이를 반대하는 이자송을 때려서 유배 보낸 다음 기어이 죽이고 말았습니다. 그만큼 최영의 요동정벌 의지가 강했다는 반증입니다. 1388년 3월 요동도사가 철령위를 세우려 한다는 보고를 받은 최영은 다시 우왕을 만나 요동을 칠 것을 권하였습니다.

우왕과 최영이 요동정벌을 준비하는 가운데 1388년 4월 우왕이 최영과 이성계를 같이 불러 "요동을 공격하려 하니 마땅히 힘을 다하라."고 하자, 이성계는 4대 불가론을 들어 반대하였습니다.

그러나 우왕은 자신의 뜻을 관철시켰습니다. 우왕은 평양에 머물면서 요동공략을 위한 준비를 하면서 왜적의 침입을 대비토록 했습니다. 그리고 마침내 최영을 팔도도통사로, 조민수를 좌군도통사로, 이성계를 우군도통사로 삼고 요동정벌을 위해 군사를 출발시켰습니다.

그런데, 요동정벌과 관련하여 군사적 측면에서 이해할 수 없는 부분이 있습니다.

요동정벌을 위한 원정군은 5만여 명의 병력과 2만여 필의 말이 동원되었는데 이는 당시 고려 군사력의 대부분을 차지하는 규모로, 왜구의 침구를 방어하기 위한 지역단위 소규모 군대를 제외하고는 사실상 고려 군사력을 총동원한 셈입니다.

이성계와 조민수의 반란군이 위화도에서 회군하여 남하할 당시 서경에 머무르고 있던 우왕과 최영은 회군소식을 듣고 급히 개경으로 돌아와 병력을 모았으나 대부분의 군사가 요동정벌군에 속해 있고, 나머지 병력은 왜구의 침입을 막기 위하여 지방에 있었기 때문에 병력을 모을 수가 없었습니다. 즉, 나라의 모든 군사력을 요동정벌에 쏟아부은 것입니다.

전장에서 평생을 보낸 무장 출신 최영이 개경을 지킬 병력마저도 남겨 두지 않고 원정군을 편성한 것은 이해되지 않는 부분입니다. 만일 요동정벌이 실패한다면 나라마저 보전할 수 없는 위험이 도사리고 있는 것입니다. 너무나 무모한 결정이었다고 생각됩니다.

또 최영은 요동정벌의 총지휘관임에도 전장에 있지 않고 서경에 머물면서 지휘를 했습니다. 아무리 우왕의 간청이 있었다 하더라도 군사작전을 수행하는 총지휘관이 전장을 떠나 후방에서 군대를 지휘한다는 자체가 말이 되지 않습니다. 무장으로서의 최영은 이러한 점을 누구보다도 잘 알고 있었을 것입니다. 요동정벌을 위해 출정할 때 못 간 것은 그렇다 쳐도, 이성계와 조민수가 위화도에 머물러 있을 때에도 전장을 떠나 있었던 것은 지휘관으로서 취해야 할 태도가 아닙니다. 최영은 왕을 모시고라도 전장으로 갔어야 했던 것입니다.

결과적으로 이성계는 우왕과 최영이 자신에게 맡긴 병력을 이용하여 반역을 꾀할 수 있었습니다. 우왕과 최영의 실책은 자신들은 물론 고려를 멸망의 나락으로 떨어뜨린 셈입니다.

정치적인 면에서 최영은 이인임과는 나쁘지 않은 관계를 유지했던 것 같습니다. 어떤 이들은 이인임이 우왕을 등에 업고 막강한 권력을 행사할 수 있었던 것도 무장 세력인 최영이 뒤에서 받쳐 주었기 때문이었다고도 합니다.

이인임이 사직한 뒤에 염흥방 · 임견비 등 이인임 무리가 부정과 부패를 일삼자 1388년 정월 우왕이 최영과 이성계의 병력을 끌어들여 이들을 제거하였는데, 우왕은 연루자들에게 가혹한 처벌을 내렸습니다.

사건을 다스리는 조사관들이 너그럽게 다스리려 해도 우왕이 용서하지 않았고, 최영과 이성계는 왕의 뜻을 충실히 받들었습니다. 그러나 이인임만은 최영의 변명으로 처형을 면하고 귀양 보내는 것으로 마무리되었습니다. 그러자 사람들이 "큰 도둑이 그물에서 빠졌다."면서 수군거리고 못마땅하게 여겼습니다.

최영이 자신의 딸을 우왕의 비로 들여보낸 것도 비난을 받을 만합니다. 우왕은 최영을 확실한 자기 사람으로 만들려고 딸을 요구한 것입니다. 일종의 혼인동맹이었습니다.

최영은 처음에는 이를 거절했으나 결국 우왕의 요구를 받아들였습니다. 이 일은 최영이 딸을 이용하여 권력을 얻은 인물로 비춰질 수도 있는 처신입니다.

최영의 딸 영비는 3개월 만에 우왕이 강화도로 유배 갈 때 왕을 따라 강화도로 따라갔습니다. 이후 여주, 강릉으로 유배지를 옮길 때마다 유배 생활을 함께하며 마지막에는 우왕의 죽음을 지켜보게 됩니다. 우왕이 죽은 후 우왕의 주검 앞에서 영비 최씨는 자신의 처지를 비관하면서 아버지 최영을 원망했다고 합니다.

일부의 비판도 있지만 최영은 청렴하고 충직함으로 고려왕조는 물론 조선왕조에서도 인정한 "고려의 충신"이었습니다. 이성계는 왕위에 오른 뒤 최영에게 무공과 나라에 대한 충성을 인정하여 '무민(武愍)'이라는 시호를 내렸습니다.

최영은 처형 전 자신에게 탐욕이 있었다면 무덤에 풀이 자랄 것이고, 결백하다면 무덤에 풀이 자라지 않을 것이라 유언하고 최후를 맞이했다고 합니다. 실제로 그의 무덤에 풀이 자라지 않아 이를 '적분(赤墳)'이라 하였습니다.

그러나 이는 묘역 주변까지 큰 소나무가 빽빽하게 식재되어 있어 그늘이 져서 풀이 자라지 않은 것으로 추정하고 있습니다.

조선왕조 개창주역의 한 사람으로 대제학을 지내며 외교문서를 지은 변계량은 최영을 기리는 시를 지었습니다.

위엄을 떨쳐 나라를 바로잡으려다가 머리털 희게 되니
거리에 노는 어린애도 다 그의 이름을 아는구나
한 조각 장한 마음 죽어도 없어지지 않고서
먼 세대를 지나도록 태산과 함께 길이 빛나리.

조선시대 서술된 용재총화와 임하필기에 최영의 사람됨을 알 수 있는 다음과 같은 일화가 소개되어 있습니다.

당시 고려의 권세 있는 자들은 서로의 저택에 초대해서 성대한 연회를 열어 진기한 음식을 대접하곤 했는데, 최영은 재상들을 초대하여 한낮이 지나도록 아무 음식도 내놓지 않다가 날이 저물어서야 기장

쌀을 섞어 지은 밥에 잡다한 나물만 차려서 내놓자, 오래 기다려 배가 고팠던 재상들이 남김없이 먹고는 "어떤 산해진미보다 맛있었다."고 하자, 최영이 웃으며 "이것도 병사를 부리는 방법입니다."라고 답하였다고 합니다.

최영이 처형되자, 개성의 인심은 이성계에 대한 원한으로 몇날 며칠을 통곡했다고 합니다. 백성들은 이성계에게 억울하게 죽은 최영을 기리어 그를 "최영장군신"으로 모시고 있습니다.

지금도 전국 여러 곳에 최영장군을 모신 사당이 있습니다. 그중 가장 알려진 곳은 개성의 덕물산이며, 경기 강화도와 제주도에도 최영을 추모하는 사당이 있다고 합니다.

5

왜곡되고 조작된 역사 '폐가입진'

전 대호군 김저와 전 부령 정득후가 몰래 황려부로 가서 우왕을 알현했다. 김저는 최영의 조카로 최영을 따라 오랫동안 권세를 부렸으며, 정득후 역시 최영의 친족이었다.

이들을 만난 우왕은 울면서 "울적한 심사를 견디지 못하겠으니 여기 있으면서 속수무책으로 그냥 죽을까 보냐? 역사 한 명만 구해 이성계를 살해할 수 있다면 내 뜻을 이룰 수 있을 것이다. 내가 평소 예의판서 곽충보와 잘 지냈으니 너희들이 가서 만나 보고 일을 추진하라."고 당부했다. 이어 곽충보에게 칼 한자루를 보내주면서, "이번 팔관일에 거사하는 게 좋을 게다. 일이 성사되면 왕비의 여동생을 처로 삼아 주어 부귀를 함께 누리겠다."고 약속했다.

김저가 와서 곽충보에게 알리자 곽충보가 거짓으로 승낙한 후 즉각 이성계에게 달려가 음모를 알렸다. 팔관 소회 날 이성계는 집에 그대로 머문 채 모임에 참가하지 않았다.

김저와 정득후가 밤에 이성계의 집을 찾아갔다가 문객에게 잡히자 정득후는 목을 찔러 자결했다. 김저를 순군옥에 수감하고 대간과 함께 합동으로 심문했는데 그 공술에 전 판서 조방흥의 이름이 나왔으므로 함께 하옥시켰다.

김저는, "변안열, 이림, 우현보, 우인열, 왕안덕, 우홍수가 공모해 여흥왕(우왕)을 맞아들이기로 약속이 되었다."고 진술하자, 우왕을 강릉부로 옮기는 한편 창왕을 강화부로 내쫓고 폐위시켜 서인으로 삼았다.

1389년(창왕 2년) 11월『고려사』의 기록입니다. "우왕 복위사건"으로 알려진 이 사건은 전왕과 현왕을 한꺼번에 폐위시켜 죽음으로 몰고 간 사건치고는 너무나 엉성합니다.

우왕은 폐위되어 강화도에 유배되었으나, 상왕으로 예우를 받고 있었습니다. 그리고 자신의 아들이 현재 왕입니다. 왕위에서 물러난 것에 대해 불만이 있을 수 있지만 굳이 모험을 해야 할 입장이 아니었습니다.

또 이상한 것은 곽충보를 찾아가 거사를 도모하라고 했다는 점입니다. 곽충보는 이성계가 위화도에서 회군하여 최영의 군사를 무너뜨렸을 때 우왕 앞에서 최영을 끌고 간 인물인데, 그에게 이성계 살해를 부탁했다는 것을 믿을 수 있겠습니까? 게다가 우왕은 거사 일까지 알려 주었습니다. 유배되어 있는 사람이 어떻게 거사 일까지 얘기할 수 있었는지 이해할 수 없는 일입니다.

이것뿐만이 아닙니다. 김저를 국문하는 과정에서 연루자들이 드러났는데, 이들에 대한 조사도 하지 않고 바로 창왕을 내쫓아 버린 것입니다. 사건 관련자들에 대한 처벌은 우왕과 창왕을 폐위시켜 서인으로 삼고 난 이후에 이루어졌으니 앞뒤가 바뀌어 버렸습니다.

『고려사』에는 이 사건을 조사하는 과정에서 창왕이 계획에 가담한 것이 밝혀졌다고 하였습니다만, 창왕이 어떻게 가담했는지에 대해서는 아무런 언급이 없습니다. 당시 창왕은 열 살이었으니 부모 자식 간의 연락 이외에는 트집 잡을 내용이 없었던 것입니다.

그냥 사건을 부풀리기만 하였지, 구체적인 혐의 내용은 빈약하기 이를 데 없었습니다. 이 정도 가지고는 현재의 왕을 쫓아낼 명분으로 부족하다는 것을 이성계 일파도 알고 있었을 것입니다. 그래서 이성계 일파는 창왕의 혈통을 문제 삼았습니다. 우왕이 공민왕의 아들이 아니라는 당시 풍문을 이용하기로 한 것입니다.

위화도회군이 성공하자, 반란군은 최영을 사로잡아 유배 보낸 후 서둘러 우왕을 강화도로 쫓아냈습니다. 그러나 다음 왕을 옹립하는 과정에서 반역의 주역 이성계와 조민수 사이에 이견이 발생합니다.

반란의 한 축인 조민수가 우왕의 아들 창(昌)을 왕으로 옹립하자고 나선 것입니다. 조민수는 거사를 위해 끌어들인 인물일 뿐 반역의 주역도 아니었습니다. 그런 조민수가 이성계와 사전 협의 없이 우왕의 아들을 새 왕으로 옹립하려는 것이니, 사실상 반역을 주도한 이성계가 엉겁결에 한방 얻어맞은 셈입니다. 『고려사』에는 이성계가 "회군 때 했던 말은 어떻게 되었는가?" 하고 힐문하니, 조민수의 얼굴빛이 변하였다고 기록되어 있습니다. 또 "이성계가 왕씨 후손을 택해 왕위에 올리려고 했으나 … "라는 기록도 있는 것으로 보아, 이성계는 다른 왕씨 종친 중에서 왕을 세우려 했음을 알 수 있습니다.

조민수가 전에 자신을 천거해 준 이인임의 은혜를 생각해 이인임과 형제인 이림의 딸 근비 소생인 창을 왕으로 세우려 했다고 하지만, 사실은 반역의 모든 공이 이성계에게 돌아가자 위기감을 느낀 조민수가 공민왕이 시해당한 후 우왕을 옹립하여 실권을 장악한 이인임처럼 창왕을 옹립하면 권력을 잡을 수 있다고 생각하였을 것입니다.

조정 내 세력이 크지 않았던 조민수는 이색을 끌어들여 "원자를 왕으로 세우는 것은 이색이 이미 계책을 정하였는데, 어찌 어길 수 있는가?" 하고는 왕대비의 교지를 받아 결국 창을 왕으로 옹립하는 데 성공합니다.

창왕의 옹립을 두고 당시에는 반발이 없었습니다. 이때만 하더라도 창왕의 혈통에 아무런 문제가 없었던 것입니다. 만일 문제가 있었다면 왕위에 오르지도 못했을 것입니다.

조민수가 끌어들인 이색은 당시 조정에서 어느 정도의 영향력이 있었기에 이성계 일파가 이를 수용하였을까요?

이색은 고려 성리학에서 이제현의 뒤를 이어받았다고 평가받는 이곡의 아들로, 정몽주 · 정도전 등 여말 선초의 거의 모든 사대부들을 키워 낸 인물입니다.

이색은 우왕의 요동정벌에 대하여 뚜렷한 반대 입장을 표명하지 않은 것으로 알려져 있습니다. 그러나 이색은 창왕 옹립을 찬성함으로써 이성계 일파의 최대 정적이 되었습니다. 조민수가 권력에서 배제된 뒤에도 이색은 토지개혁 등 계속해서 이성계 일파와 대립하였습니다. 이색은 공양왕 때에도 이성계 일파로부터 계속 탄핵받아 귀양 갔다 풀려나기를 반복하게 됩니다. 이성계 일파로부터의 탄핵은 왕조교체가 이루어진 다음까지 이어졌습니다. 정도전 등은 거듭 처벌을 주장하였으나 다행히 이성계의 배려로 처형을 면하고 유배를 가게 되었습니다. 그러나 유배 가는 도중에 의문의 죽음을 당함으로써 독살설이 제기되기도 하였습니다.

이색은 학자로서의 위치나 명성에 비해 정치적인 입지는 약하였지만 한 번도 이성계 일파를 지지하지 않았으며, 역성혁명을 부정하였습니다. 그러나 조선왕조를 세운 사대부세력 대부분을 키워 낸 성리학의 큰 스승이기도 합니다.

창왕이 즉위하자 이성계 일파는 위기감을 느꼈습니다. 창왕이 성장하면 우왕을 쫓아낸 자신들을 가만두지 않을 것이기 때문에 어떤 명분을 만들어서라도 왕위에서 끌어내려야 했던 것입니다. 그러자면 먼저 조민수와 이색을 제거해야 했습니다.

창왕이 즉위한 지 얼마 되지 않은 1388년 7월, 조민수는 백성들로부터 전지를 빼앗고 사전을 개혁하려는 것을 저지하였다는 이유로 탄핵받아 창녕군으로 유배 가게 되었습니다. 이렇게 반란의 한 축이었던 조민수는 너무도 쉽게 권력에서 배제되고 맙니다.

조민수를 제거한 이성계 일파는 토지개혁을 통해 권문세족들의 경제기반을 송두리째 무너뜨렸습니다. 그리고 다음 단계로 창왕을 왕위에서 내쫓을 기회만 엿보고 있던 차에 "우왕 복위사건"이 터졌습니다.

이성계는 창왕이 우왕을 복위시키려는 계획에 가담한 것이 밝혀졌다면서 우왕을 강릉으로 옮기는 한편, 폐가입진을 명분으로 창왕을 강화도로 내쫓고 폐위시켜 서인으로 삼았습니다. 어쩌면 폐가입진이라는 명분을 미리 만들어 놓고 기회만 엿보고 있었는지도 모르겠습니다. 이성계 일파가 우왕 복위사건을 꾸민 것은 아닐까 하는 의심마저 듭니다. 최소한 사건을 침소봉대하였다는 점은 맞는 것 같습니다. 그만큼 사건의 발생 과정이나 처리가 의문투성이입니다.

폐가입진(廢假立眞)은 가짜 왕[假王]을 내치고 진짜 왕[眞王]을 세웠다는 의미이지만, 역사학계에서는 이를 이성계 일파가 창왕을 내쫓을 명분으로 만들어 조작한 것으로 보고 있습니다.

우왕이 신돈의 아들이므로 창왕도 왕씨(王氏)가 아닌 신씨(辛氏)라는 것으로, 천명은 왕씨에게 있는데 신씨가 왕씨를 사칭하여 왕위에 올랐으니 하늘의 뜻에 어긋난다는 논리입니다. 유교의 천명론을 끌어와 이용한 것입니다. 우왕과 창왕 처리에 고심하던 이성계로서는 더없이 좋은 묘책이었던 것입니다.

마침 1389년(창왕 2년) 9월, 명나라에서 우왕이 공민왕의 아들이 아니라는 점을 들어 우왕이 왕위에 오른 것이 부당하다고 전해 왔습니다.

"왕씨가 시해를 당하고 난 이후 후손이 끊어지는 바람에 뒤에 다른 성 붙이가 왕씨를 가탁해 왕위에 올랐으나 …"

우왕이 왕위에 오른 것이 이미 오래전이고 또 이미 폐위된 우왕을 가지고 하필 이 시점에 명나라에서 이를 거론하였을까요? 이 역시 이성계 일파의 사전 공작이 있었다고 의심할 수밖에 없는 일입니다.

창왕이 폐위된 후 즉위한 공양왕은 한 달도 안 되어 강릉부와 강화도에 유배 가 있는 우왕과 창왕을 처형했습니다. 이토록 빨리 두 왕을 처형한 것은 폐가입진으로 인한 논란을 잠재우기 위한 것으로 보입니다.

두 왕을 처형한 공양왕은 교서를 내려 신씨인 두 왕이 왕씨를 사칭하였기 때문에 천자의 명령대로 폐위시켰다고 하였습니다. 명나라 황제를 끌어들여 두 왕의 처형을 합리화한 것입니다. 1389년 12월 공양왕 교서 내용입니다.

공민왕이 불행히 아들을 두지 못하고 별세하게 되자 역적 이인임이 군이 어린 서자를 내세워 정권을 독점하려는 욕심으로 신우를 왕씨라 사칭하고 그를 왕으로 옹립하게 되었던 것이다. … 이인임의 일당인 주장 조민수가 다시 권력을 농단하면서 간특한 음모로 여론을 저지시킨 다음 우의 아들인 창을 세우니, 왕씨의 제사가 끊어져 … 1389년 11월 15일 시중 이성계가 분연히 충의를 떨쳐 일어나 심덕부 · 정몽주 등과 함께 천자의 명령대로 종친 · 기로 · 문무신료와 계책을 정한 후 공민왕의 정비께 아뢰고 그 분부를 받들어 우 · 창 부자를 폐위시켰다.

한마디로 왕씨가 아닌 두 왕을 옹립한 이인임과 조민수는 역적이고, 이성계가 폐가입진을 통하여 이를 바로잡았다는 것입니다. 두 왕을 처형한 이성계 일파는 본격적으로 우왕과 창왕 지우기에 나서게 됩니다.

· 우왕은 신돈의 아들인가

우왕 복위사건이 드러나자, 이성계 일파는 폐가입진을 명분으로 우왕과 창왕을 폐위시켜 죽였습니다. 그리고 대대적으로 사실 왜곡과 조작에 착수합니다. 시중에 떠도는 풍문을 사실로 만들고, 기록을 왜곡하는 등 본격적인 우 · 창왕 지우기에 나선 것입니다.

조선왕조에서 편찬된 『고려사』나 『동국통감』에 우왕을 세가(世家)에 넣지 않고 열전(列傳)에, 그것도 반역 열전에 실으면서, 우왕이 신돈의 자식이라는 정황을 상세히 묘사하였습니다. 그들의 명분을 합리화하기 위해서였습니다.

『고려사』「우왕 총서」의 기록은 다음과 같습니다.

우왕의 어릴 적 이름은 모니노로 신돈의 비첩인 반야의 소생인데, 어떤 사람은 이렇게 말하기도 한다.

"당초 반야가 임신해 만삭이 되자 신돈이 자기 친구인 승려 능우의 모친 집으로 보내 해산하게 했는데 능우의 모친이 맡아 길렀으나 돌도 못 채우고 아이가 죽어 버렸다. 신돈의 책망을 겁낸 능우가 죽은 아이와 생김새가 비슷한 아이를 찾다가 이웃집 군졸의 아이를 몰래 훔쳐내 다른 곳에 숨겨 두고는 신돈에게, 아이가 병이 났으니 다른 곳으로 옮겨서 기르겠노라고 청해서 신돈의 허락을 받았다. 그로부터 한 해 뒤 신돈이 자기 집으로 데려와 길렀는데 반야도 자신의 아이가 아닌 것을 까마득히 몰랐다."

공민왕이 후사를 두지 못한 것을 늘 걱정하다가 하루는 평복 차림으로 신돈의 집에 가니 신돈이 모니노를 가리키며 "이 아이를 양자로 들여 후사로 삼으소서." 하였다.

신돈이 수원에 유배되자 공민왕이 근신들에게 "과거 내가 신돈의 집에 가서 그 집 여종을 가까이해 아들을 낳았으니 그 아이를 잘 보호해라."고 당부했다.

신돈이 처형당한 후 공민왕이 모니노를 명덕태후전으로 데려다 놓고서 당시 수시중이던 이인임에게 "원자가 있으니 나는 아무 걱정이 없소."라고 말하고는, "신돈의 집에 예쁜 여자가 있었는데 아들을 낳을 수 있다기에 가까이해 이 아이를 얻었던 게요."라고 설명했다.

뒤에 공민왕이 모니노를 세자로 삼으려고 공부를 시키자고 요구했으나 명덕태후가 나중에 해도 된다며 반대했다.

공민왕은 이색 등 문신들에게 의견을 들어 이름을 우(禑)라 고치고 강녕부원대군으로 책봉한 후 백문보 등으로 하여금 그를 가르치게 했다.

공민왕은 1374년 9월 우왕을 죽은 궁인 한씨의 아들이라 하고 한씨의 증조부 · 조부 · 부친과 외조부까지 관작을 추증했다.

공민왕이 시해되자 태후가 우왕을 데리고 내전으로 들어가 왕의 죽음을 비밀에 붙인 채 초상난 것을 알리지 않다가 빈소를 차리고 우왕이 재상들과 함께 초상을 고하며 애도의 의식을 거행했다.

다음 날 태후와 경복흥은 종친을 옹립하려고 하고, 이인임은 우왕을 옹립하려고 해 결론을 내지 못했다. 도당의 재상들도 서로 눈치만 보면서 감히 말을 꺼내지 못하고 있는데 밀직사사 왕안덕 등이 이인임의 비위를 맞추느라, "돌아가신 주상께서 대군을 후사로 삼았으니 이 사람을 버리고 달리 어디서 구하겠소?"라고 큰 소리로 말했다.

이에 이인임이 백관들을 거느리고 결국 우를 왕으로 옹립하니 그때 우왕의 나이 열 살이었다.

여기서는 우왕이 신돈의 아들이 아니라 이름 모를 군졸의 아이라고 하였습니다. 이 기록으로 본다면 우왕은 신돈의 자식이 아닙니다. 자신들이 신우 · 신창이라고 하여 폐위시킨 논리가 맞지 않게 됩니다.

그런데 『고려사』 「열전 신돈 편」에는 이와 다른 기록이 있습니다.

1376년 윤 9월 순정왕후 한씨를 의릉에 장사 지냈는데 당시 명경과에 급제한 한락이 "나는 한씨의 친척인데 당초 한씨가 사망했을 때 내가 그의 친족인 죽은 승려 능우와 함께 그 시체를 화장하여 유골을 거둬 봉은사 솔숲에 묻어 두었습니다." 하였다.

승려 능우는 신돈의 친구가 아니라 공민왕이 우왕의 생모라고 밝힌 궁인 한씨의 친족이라는 것입니다.

다음은 공민왕이 1371년 7월 찰방사 임복을 보내 신돈을 처형하라는 지시를 내렸을 때의 기록입니다.

임박이 신돈이 유배된 수원에 도착해 사람을 시켜 거짓으로 왕이 부른다고 알리자 신돈이 기뻐하며, "이제 나를 부르심은 아지를 위해 나를 배려해 주신 것이다."라고 말했다. 아지는 우리말로 어린아이를 뜻하는데, 신돈의 비첩 반야가 모니노를 낳자 왕이 자기 자식으로 오인

했으며, 이 아이가 뒤의 우왕으로 아지는 모니노를 가리킨 것이다. …
당초 임박이 상장군 이미충과 함께 왕을 모시는 자리에서 왕이 이미충에게 눈짓하며 "네가 아지의 일을 알렸다?" 하고 묻자, 그가 이미 알고 있다고 대답했다.

괴이하게 여긴 임박이 물러나와 이미충에게 무슨 말이냐고 물으니 이미충이 이렇게 말해 주었다. "주상께서 금화를 만들어 제게 주시면서 신돈의 집에 가서 아지에게 주라고 말씀하신 일이 있었소. 갖다 주자 아지가 뛸 듯이 좋아했으며 당시 신돈은 나더러 '주상께서 자주 우리 집에 행차하시는 것은 나 때문이 아니다.'라고 하기에 내가 돌아와 자세히 보고 드렸기 때문에 그렇게 말씀하신 겁니다."

그 후 신돈이 처형당하자 임박이 사관 민유의와 이지에게 이렇게 일러 주었다. "신돈을 처형시킨 것은 국가의 큰 경사지만 또 경사가 있으니 자네들은 아는가? 주상께서 궁인을 가까이해 왕자를 낳았는데 지금 일곱 살로 신돈이 몰래 기르면서 나라 사람들이 알지 못하게 했으니 이 또한 죽어 마땅한 죄다. 사관은 이 사실을 알고 있어야 한다."

이 기록을 보면 반야가 낳은 모니노를 공민왕이 자기 자식으로 잘못 알고 있었다는 것입니다. 그리고 이미충도 모니노를 공민왕의 자식으로 알고 있었다는 것입니다.

「우왕 총서」에는 신돈이 공민왕에게 모니노를 양자로 들이라고 했는데, 『고려사 열전』「신돈 편」에는 공민왕이 자기 자식으로 오인했다니? 양쪽 기록이 맞지 않습니다. 사실을 왜곡하고 조작하다 보니 이렇듯 여러 곳에서 서로 다른 부분이 드러나게 되었습니다.

『고려사』에 전부터 우왕이 공민왕의 진짜 후사가 아니라는 얘기가 있었다는 기록이 있습니다. 그런데 이것이 우왕과 창왕이 처형된 후의 기록이라 믿기 어렵습니다.

공민왕이 자식을 두지 못하고 별세하게 되자 역적 이인임이 국정을 농단하려고, 신돈의 비첩 반야의 소생 우를 왕으로 옹립했습니다. 그리고는 친척 아우 되는 이림의 딸을 우에게 시집보내 낳은 아들을 창이라 했으니 …

우가 왕위에 올랐을 때 재상 김속명이 우가 공민왕의 진짜 후사가 아니라고 말하자 이인임은 그를 쫓아내었고, 신돈의 첩 반야가 스스로 우가 자신의 소생이라고 발설하자 이인임은 그녀를 죽여 버렸습니다. 또한 김유와 최원이 황제께 우는 왕씨가 아니라고 말했다가 모두 처참하게 죽음을 당하니, 나라 사람들은 화가 자기에게 미칠까 두려운 나머지 말을 꺼내지 못한 채 세월이 지나가 버려 그 사실을 아는 사람은 점점 드물어졌습니다.

『동국통감』에는 위화도회군으로 최영을 유배시키고 우왕을 강화도로 내쳤을 때 이미 왕씨가 아니라는 주장이 제기되었다는 기록도 있습니다.

“조준이 일찍이 왕씨가 절사된 것을 분하게 여기어 윤소종 등과 더불어 뜻을 결합해 벗이 되어 은밀히 서약하여 흥복시킬 뜻을 가졌는데…”라는 서술과 함께, “윤소종이 이성계에게 곽광전을 올리니 조인옥을 시켜 읽게 하였는데, 조인옥이 왕씨를 다시 세우자는 의견을 적극 진술하였다.”는 기록입니다.

여기에 나오는 곽광은 중국 한나라 무제가 자신의 아들 소제를 부탁한다는 유언을 남긴 후 소제를 등에 업고 최고 권력자가 된 자로서, 소제가 죽은 후 뒤를 이은 창읍왕 유하를 제위 27일 만에 쫓아낸 자입니다. 윤소정은 이성계에게 왕씨가 아닌 우왕을 쫓아내라는 뜻으로 이 책을 올린 것입니다.

우왕이 왕위를 계승하자 1376년(우왕 2년) 3월, 신돈의 비첩이었던 반야는 명덕태후를 찾아가 자신이 왕의 생모임을 주장하였습니다. 그렇지 않아도 궁에서 나고 자라지 않아 의혹이 있었던 우왕에게 이 사건은 우왕이 신돈의 자식이었다는 풍문을 낳게 된 것입니다. 이에 놀란 이인임 세력은 반야를 몰래 죽이고 임진강에 수장시켜 버렸습니다.

그런데 공민왕이 신돈을 처형할 때에도 반야에 대해서는 어떤 지시도 없습니다. 반야가 우왕의 생모였다면 왕은 왜 반야를 찾지 않고 어린 모니노만 궁으로 데려갔을까요?

그리고 반야는 공민왕이 모니노를 데려간 후 5년 동안이나 아무 소식도 없다가 우왕이 왕으로 즉위한 후에 갑자기 나타난 것도 의문이 아닐 수 없습니다.

이러한 왕실의 혈통을 둘러싼 논란은 1,500년 전 중국에서도 있었습니다. 사마천의 『사기』에 의하면, 중국 최초의 통일왕국 진나라의 시황제도 본래 진나라 왕실의 영(嬴)씨가 아닌 여(呂)씨라는 것입니다.

전국시대 진나라와 조나라는 휴전을 하면서 진나라에서는 왕자 자초를 조나라에 인질로 보냈습니다. 그때 조나라의 거상이었던 여불위는 자초의 장래를 내다보고 가까이하면서, 타국에서 외롭게 지내던 자초에게 자신의 첩 조희를 바칩니다. 자초는 조희를 아내로 삼지만 조희의 배 속에는 이미 여불위의 아이가 잉태되고 있었습니다.

자초의 아버지가 진나라의 왕위에 오르자 태자가 된 자초도 귀국하게 되는데 이때 조희와 아들 정, 그리고 여불위도 함께 진나라로 가게 됩니다. 귀국한 자초가 아버지의 뒤를 이어 왕위에 오르자 여불위를 승상으로 앉혔습니다. 그리고 3년 후 자초가 죽자 13세의 정이 왕이 되는데, 나중에 진시황이 되는 인물입니다. 처음에는 여불위가 섭정을 하지만 후에 정이 친정을 하게 되자 왕은 자신의 출생 비밀을 지키기 위해서 여불위를 자결하도록 합니다.

이 기록은 한나라의 사관인 사마천이 한나라 개국을 정당화시키기 위하여 진나라를 깎아내리려는 의도로 서술되었다는 논란이 제기되기도 하였습니다.

이성계 일파는 진짜 왕을 추대한다는 명분하에 정창군 왕요를 옹립하여 왕으로 앉혔습니다. 바로 고려의 마지막 군주가 되는 공양왕입니다.

1389년 12월, 공양왕은 즉위하자마자 우왕과 창왕을 처형하여 혹시 있을지 모를 복위운동의 싹을 잘라 내었습니다. 두 왕에 대한 처형을 논할 때 이성계는 겉으로 반대의견을 냈지만, 실제로 처형하라는 암시라 생각한 공양왕이 이들의 처형을 결정하였습니다.

이성계 일파의 주장은『고려사』,『고려사절요』에도 등재되어 신우·

신창으로 기록되어 있으나, 근거 없는 풍문으로 여기고 있습니다.

우왕과 창왕이 왕위에 오를 때는 전혀 문제 삼지 않다가 정치적 필요에 의해 신돈의 후손으로 몰아 죽였는데, 이성계 일파는 우왕이 신돈의 자식이라는 증거를 제시하지도 못했습니다. 『고려사』의 기록대로라면 우왕은 신돈의 자식도 아닙니다. 자신들의 주장과 일치하지 않는 것입니다.

그런데 폐가입진은 그 명분상 왕씨를 왕으로 추대하여야 하기 때문에 이성계로의 왕조 교체는 조금 더 기다려야 했습니다. 이런 이유 때문인지 어느 드라마에서는 이성계가 왕위에 오르는 것을 막고 왕씨 고려를 지키기 위하여 정몽주가 폐가입진을 주장하였다는 내용이 있었는데, 드라마 재미를 더할 수는 있었겠지만 시청자들에게 역사를 잘못 알게 할 우려가 있다 하겠습니다.

조선 후기 실학자 성호 이익은 『동사강목』에서 진시황의 예를 들며 우왕에 대해 반역이 아니라고 했습니다. 진시황 영정이 사가들에 의해 전왕의 자손이 아닌 것으로 단정되었지만 위호는 떼어 버리지 않고 남겨 두었다고 하면서, 우왕이 공민왕을 죽이고 왕위를 차지한 것도 아니고 공민왕이 아들로 인정하여 아비로서 물려주고 자식으로서 이어받은 것인데 반역이라고 부르는 것은 옳지 않다는 것입니다.

6

정적 제거 수단이 된 '토지개혁'

공(公) · 사(私)의 전적(田籍)을 저잣거리에서 불살랐는데, 불이 여러 날 타면서 꺼지지 않았다. 왕이 탄식하고 눈물을 흘리면서 말하기를 "조종께서 물려주신 사전(私田)의 법이 과인의 대에 와서 갑자기 개혁되었으니, 참으로 애석한 일이다." 하였다.

『동국통감』 1390년(공양왕 2년) 9월의 기록입니다.

위화도회군으로 권력을 장악한 이성계 일파는 "전제를 바르게 하여 국용을 넉넉히 하고 민생을 윤택하게"라는 명분으로 토지개혁을 주장하였습니다.

고려의 토지제도는 기본적으로 전시과(田柴科)를 기초로 구성된 광범위한 토지지배체계였습니다. 전시과는 관료나 군인 등 공직영역에 종사하는 자들에 대한 보수의 대가로서, 신분과 지위에 알맞은 생활을 유지할 수 있게끔 필요한 재정기반을 마련해 주기 위하여 제정된 토지제도입니다.

그런데 몽골의 침략 이후 왕실 및 권문세족들의 토지 침탈이 확대되면서 대규모 농장이 늘어나자, 국고의 조세 수입이 격감하고 관료들에 대한 녹봉 지출이 어려워졌습니다.

농장은 왕실, 권문세족 등 권력자들이 지배한 사적인 대토지소유의 특수한 형태를 의미합니다. 농장은 탈점, 개간, 매입 등의 다양한 경로를 밟아 성립하는데, 이 중에서도 가장 문제 되는 것이 불법적인 탈점과 개간이었습니다.

농장에는 경작노동을 담당하는 수많은 전호농민들이 살고 있었습니다. 노비도 있고 양인도 있었으나, 양인도 노비와 같이 취급되고 있었습니다. 대규모 농장의 등장으로 농민들이 땅을 빼앗기고 경작노동을 담당하는 전호농민 신분으로 전락하면서 백성들의 신분체계에 혼란을 가져오게 되었습니다. 이에 따라 13세기부터 재정적 난국을 타개하고 관인들의 생계를 보장해 주기 위해 녹과전을 설치하였습니다. 또 녹과전과 병행하여 구분전이라는 새로운 형태의 분급지가 설정되기도 했습니다.

공민왕 때인 1366년 5월, 신돈이 전민변정도감을 설치하여 부당하게 겸병당한 토지를 원주인에게 되돌려주고 강압으로 노비로 전락한 사람들을 양인으로 되돌아가게 하였습니다. 그러나 이러한 개혁정책은 왕실과 권문세족들의 거센 반발을 불러일으켰고, 급기야 신돈은 반역혐의로 처형되고 말았습니다.

위화도회군으로 권력을 장악한 이성계 일파는 대사헌 조준 등의 상소를 통하여 "사전을 혁파하여 민생을 구제한다."는 명분을 내걸고 사전혁파를 주장하였습니다. 조준은 상소에서 "겸병이 더욱 심해져서

주를 걸치고 군을 포괄하며 산천을 표시로 삼고, 땅 주인이 대여섯 명이 넘어 1년에 8, 9차례나 전조를 거두고 있어 호소할 곳 없는 백성들이 유리하여 사방으로 흩어져서 죽음의 구렁텅이를 메우고 있다."고 토지제의 문란을 언급하면서, 앞으로 "선비, 군인 등 국역을 담당하는 자만 수전할 수 있도록 하고, 수급받은 전지는 죽을 때까지 사사로이 서로 주고받을 수 없게"하며, 전지를 측량하여 "급전하기 전 3년 기한으로 임시로 국가에서 조를 거두어들여 관리의 녹봉을 지급하고 군수에 충당"할 것을 건의하였습니다.

뒤이어 전법판서 조인옥 등도 잇달아 상소하여 사전을 혁파할 것을 요청하자 이성계는 조준·정도전과 더불어 사전혁파를 논의하였으며, 조준 등이 "전시과를 혁파"할 것을 다시 상소하니 이를 두고 조정에서는 열띤 논란이 벌어졌습니다.

사전(私田)을 별로 소유하지 않은 이성계 일파는 조준의 주장을 옹호하는 반면, 사전을 많이 가지고 있던 조민수와 권문세족 등 기성세력들은 "옛 법을 가벼이 고쳐서는 안 된다."며 잘못된 관행만을 고치는 점진적인 개선을 주장했습니다.

이성계 일파는 사전혁파에 반대하는 조민수를 "백성들로부터 전지를 빼앗고 사전을 개혁하려는 것을 저지하였다."고 탄핵하여 유배 보냈습니다. 그리고 자신들의 뜻에 맞춰 1388년(창왕 원년) 8월 도평의사사에서 토지제도를 의논해 결정지었습니다.

이러한 토지개혁이 권문세족들의 경제적 기반을 흔들게 되자, 기성세력들이 이에 강력 반발하니 창왕은 "사전의 조세를 모두 나라에서 거두어들인다면 조신들이 생계가 곤란해질 것이니 우선은 그 조세 가운데 반만 거두게 하여 국용에 충당하라." 하였습니다. 그러자 이번에는 이성계 일파가 창왕의 지시가 잘못되었다며 반발하였습니다.

그런 가운데에서도 10월에는 급전도감을 설치하여 전지를 측량하는 등 토지개혁을 위한 기본적인 작업을 진행하였습니다.

이듬해인 1389년 4월, 도평의사사에서 다시 이 문제를 논의하였는데 이색 등은 "옛 법을 가벼이 버릴 수 없다."며 따르려 하지 않아 논란이 계속되었습니다. 정도전과 윤소종은 조준의 의견에 찬동하고, 권근과 유백유는 이색의 의견에 찬동하였으며, 정몽주는 마음을 확정하지 못하고 있었습니다.

조정 신료들 중 10 중 8, 9는 토지 개혁을 주장하였는데, 이를 반대하는 자들은 대부분 권문세족 출신들이었습니다.

1389년 8월 조준 등이 다시 상소하여 "사전은 개인에게는 이익이 되나 나라에는 도움이 없으며, 공전은 국가에 이익이 될 뿐 아니라 백성들에게도 편리한 제도"라 주장하면서, "경기의 땅으로 사대부 등 왕실을 보위하는 자의 전지로 삼아 그들의 생계를 돕고 생업을 두텁도록 할 것이며, 나머지는 옛 법에 의한 폐해를 없게 하여 제사 등의 용도에 충당하고 녹봉과 군수의 비용을 충족케" 하자는 개혁안을 주장하였습니다.

1389년(창왕 2년) 9월에는 급전도감에서 종실의 여러 군들에 관한 업무는 종부사에서, 문반은 전리사에서, 무반은 군부사에서, 전직 품관들은 개경에서 과전 받을 자격을 갖춘 사람들을 가리게 함으로써 수조지의 지급대상자를 선정하는 일을 시작하였습니다.

1389년 10월 자신의 뜻이 막히자 이색은 벼슬을 버리고 돌아갔으며, 11월 이성계 일파는 우왕 복위사건을 빌미로 창왕을 폐위시켜 강화도로 내쫓아 서인으로 삼았습니다.

공양왕이 즉위하자 헌부에서 바로 상소를 올려 지금이 사전을 개혁할 기회라 주장하였고, 1390년 정월 급전도감에서 각 품계에 따라 전적을 나누어 주었습니다.

이렇게 해서 전통적인 토지제도는 과전법으로 바뀌었으며, 1390년(공양왕 2년) 9월에 기왕의 토지문서를 모아서 불살라 버린 것입니다. 그리고 다음 해 5월에는 관련법이 제정되어 과전법이 본격 시행되었습니다.

과전법이 발효됨에 따라 권문세족의 경제적 기반은 단번에 무너지며 몰락의 나락으로 떨어지고 말았습니다. 과전법이 실시된 다음 해인 1392년 7월, 고려왕조는 멸망하고 새로이 제정된 토지법은 새 왕조의 경제 질서를 통제하는 법적 장치가 됩니다.

과전법은 토지를 모두 국가 수조지로 만들고 나서 국가 재정의 용도에 따라 관료 등 직무를 맡은 자에게 토지를 지급하여 그 수확의 일부를 취득하게 하는 분급수조지(分給收組地)에 관한 제도입니다.

분급수조지의 지급을 받는 대상자들 가운데 가장 중요시된 것은 과전을 받은 관료층들로서 과전법은 주로 이들 관료들과 그 동반자인 대군 등 귀족들의 유복한 생활을 보장하기 위한 국가의 재정시책이라고 할 수 있습니다.

그래서 과전법 제정에서 가장 중요한 것은 과전을 넉넉히 책정하여 관료들을 우대하고, 군량을 풍부하게 확보하는 일이었습니다. 처음에는 외방의 이속이나 군장은 물론 공사의 천인에 이르기까지 적어도 국가의 공역을 집행하는 자에게는 일정한 토지를 지급해야 한다는 매우 적극적인 자세였는데, 시간이 흐르면서 천민에 대한 지급은 금지되고 나머지 외역전 따위도 전례에 따라 지급한다는 식으로 후퇴하고 말았습니다.

과전법의 시행으로 문란했던 사전의 폐단이 종식되었습니다. 불법 대농장이 사라지고 양인이 늘어났으며, 수조지의 확대로 국가재정수입도 늘어났습니다. 관료 등 직무를 맡은 자들도 제대로 보수를 받게 되었고, 농민들도 소유권을 보장받아 안정된 생활을 누릴 수 있게 되었습니다.

그러나 과전은 토지 소유의 조정이나 변동은 꾀하지 않아 토지의 집중이나 지주의 등장으로 인해 자영농민들이 소작인으로 전락할 소지도 있었습니다. 또 과전법에서는 본인이 사망하여도 수신전, 휼양전의 명목으로 일정 정도 과전에 대한 지배를 계속할 수 있어 세습상속의 기능이 잠재하고 있었습니다. 공신전은 물론 상속이 허용된 토지였습니다.

이렇게 상속의 길을 열어 놓은 데다 천민에 대한 지급은 금지되고 외역전 따위도 전례에 따라 지급한다는 식으로 후퇴함으로써 "국용을 넉넉히 하고 민생을 윤택하게 하겠다."는 토지개혁의 명분은 상당 부분 퇴색하고 말았습니다.

이성계 일파는 반대세력을 제거하고 창왕을 끌어내리기 위한 수단으로 토지개혁을 이용하려 했기 때문에 토지문란으로 인한 근본적인 모순을 해결할 수 없었습니다.

과전법의 시행으로 농민들이 권문세족의 불법 침탈과 경작노동소작인으로의 전락을 벗어날 수 있었지만, 혜택을 가장 많이 본 것은 신진사대부들이었습니다.

7

고분고분 넘겨주지 않은 '공양왕'

공양왕이 이방원과 사예 조용을 불러 "내가 장차 이시중(이성계)과 더불어 동맹을 맺으려 하니 경들은 내 말을 시중에게 전하고 시중의 말을 들은 후 맹세의 글을 작성해 오도록 하라."고 지시했다. 왕이 또 필시 맹세에 관련된 고사가 있을 것이니 찾아보라고 하자 조용은 이렇게 대답했다.

"맹세라는 것은 그리 귀히 여길 것이 아니므로 성인들이 싫어했습니다. 열국의 동맹과 같은 것은 옛날에도 있었으나, 임금과 신하의 동맹은 경전이나 고사에도 그 근거가 없습니다."

그러나 왕이 자기 말대로 작성하라고 종용하기에, 조용이 이방원과 함께 이성계를 찾아가 왕의 분부를 전달했다.

이에 이성계가, "내가 무슨 말을 하겠느냐? 너희가 주상의 말씀에 따라 기초해 보도록 하라."고 하자, 조용이 물러나와 다음과 같이 초안을 작성했다.

"경이 없으면 내가 어찌 이 자리에 있겠는가? 그러니 경의 공덕을 내가 어찌 잊으랴? 하늘이 위에 있고 땅이 곁에 있으니 자손대대로 서로 해치는 일이 없을 것이로다. 내가 경을 저버리는 일이 있을 경우 이 맹세가 증거가 될 것이다."

이 초안을 왕에게 올리니, 왕이 좋다고 했다.

1392년(공양왕 4년) 7월 『고려사』의 기록입니다. 공양왕은 신하인 이성계와 동맹을 맺으면서까지 왕위를 지키려 하였던 것입니다.

4월 26일 정몽주가 죽자 이성계 일파는 김진양 · 이숭인 · 이종학 등을 유배 보낸 다음 서인으로 강등시키고, 이색을 한산으로 내쫓았습니다. 이어서 정몽주에 의해 유배되었던 정도전, 남은을 다시 불러올렸습니다. 이성계는 다시 문하시중이 되었고, 조준을 경기좌우도절제사로, 남은을 경상도절제사로 삼아 병마를 장악하였습니다. 그리고 각 도에도 이성계 일파가 그 도의 병마를 장악토록 하였습니다. 모든 권력이 이성계 일파에게 넘어간 것입니다.

이쯤 되면 공양왕은 스스로 물러나야 했습니다. 왕은 재위 기간 내내 이성계 일파의 논핵에 끌려다니면서 이따금씩 그저 소극적인 반발만 했을 뿐, 스스로 보전하지 못하였습니다. 공양왕은 처음에는 왕위에 오를 생각이 없다고 하면서 놀랍고 두렵다고 했었습니다. 그런데 이제 자신의 목숨까지 걱정해야 할 처지로 전락했음에도 마지막까지 왕위를 내려놓을 생각을 하지 않았던 것입니다.

정몽주가 죽은 뒤 공양왕은 이성계의 집으로 가서 문병하고 술자리를 베풀고는 "내가 비록 크게 보답은 못했으나 어찌 배은망덕이야 하겠소?" 하며 눈물을 흘렸으나 소용이 없자, 이성계와 동맹을 맺으려 한 것입니다.

어쩌면 자신이 왕위를 내려놓으면 고려왕조가 끝나게 되니 비굴함을 감수하고서라도 왕조를 지키려 한 것일 수도 있습니다. 그러나 상황은 그것마저 용납하지 않았습니다. 그러기에는 너무 늦었던 것입니다.

맹세초안이 마련되자 1392년 7월 12일 왕이 이성계의 집으로 가서 맹세의식을 가지려 할 때, 이에 앞서 우시중 배극렴이 왕대비에게 공양왕을 폐위할 것을 아뢰어 폐위가 결정되고 말았습니다.

공양왕은 위화도회군으로 권력을 장악한 이성계 일파가 창왕을 폐가입진을 명분으로 폐위시킨 다음, 왕족 중에서 제비뽑기를 하여 왕위에 앉힌 임금입니다.

이성계는 정몽주 · 정도전 · 조준 등과 함께 흥국사에서 종친 중에서 새 왕을 모실 것을 논의하였습니다. 이때 이성계는 족보상 가장 가까운 친족이라는 이유를 들어 정창군 왕요(王瑤)를 추대하자고 제의하였습니다. 이성계가 그를 선택한 이유는 그의 형 정양군 왕우가 이성계의 아들 이방번의 장인이었기 때문입니다. 그런데 반대의견이 나왔습니다. 조준은 부귀한 환경에서 성장해 재산 모으는 것만 알 뿐 나라를 다스리는 방도를 알지 못한다고 하였고, 성석린은 왕은 어진 이를 세워야지 친소관계를 따질 필요가 없다며 반대했습니다. 이에 종실 사람 여러 명의 이름을 써서 제비뽑기를 하여 정창군 왕요로 결정했습니다.

세계 역사에서 제비뽑기로 군주를 선택한 사례는 아마 다시없을 것입니다. 이것마저도 이성계의 의중을 살펴 형식만 갖춘 것으로 생각됩니다. 이성계 일파는 왕대비의 교지를 받아 정창군 왕요를 맞이하여 왕으로 옹립했습니다. 그가 바로 고려의 마지막 왕, 공양왕입니다.

1389년 11월 15일 즉위한 공양왕은 정원부원군 왕균의 아들로 신종의 7대손이며, 즉위할 때 45세였습니다. 공양왕은 성품이 인자하고 부드러웠으나 행동은 우유부단하다고 기록되어 있습니다.

공양왕이 갑자기 왕위에 오르게 되어 놀라고 두려워 사양하니, 왕대비가 손수 옥새를 건네주었다고 하였습니다. 왕으로 즉위한 날 근심과 두려움으로 잠을 이루지 못하고 측근들에게 "내 평소 의식과 노비가 다 풍족했는데 지금 와서 이렇게 무거운 짐을 지게 되었으니 어찌할 바를 모르겠다."면서 눈물을 흘렸다고 한 것을 보면, 공양왕은 왕위에 오른 것을 결코 좋아하지 않은 것으로 보입니다.

무엇보다 왕에게는 자신이 믿고 의지할 측근이 없었으니 근심과 두려움에 휩싸였을 것이 당연합니다. 왕이 될 것이라는 생각조차 없었던 사람이 어느 날 갑자기 권력쟁투가 난무하는 전장의 한가운데로 떨어져 고립무원(孤立無援)의 지경에 빠져 버렸으니 말입니다.

왕으로 즉위한 날 저녁 사위 강회계의 아비 되는 강시가 "여러 장상들이 전하를 왕으로 세운 것은 다만 자기들의 화를 모면하려 한 것이지, 결코 왕씨를 위한 것이 아닙니다."라며, "이들을 가까이 두고 신임하지 말고, 스스로 보전할 길을 생각하기 바랍니다."라고 하였는데, 이 말이 또 다른 사위 우성범을 통해 이성계 일파에게 알려졌습니다.

그러자 공신들이 왕에게 자신들을 처벌하든지 참소한 사람을 처벌하라고 요구하는 사태가 벌어졌습니다. 사위조차 믿을 수 없을 만큼 사람이 없었던 것입니다.

공양왕도 이런 상황은 잘 알고 있었을 것입니다. 공양왕은 왕의 즉위를 하례하러 온 이색을 내전으로 불러, "평생 한가로이 놀다가 오늘날 이 자리를 얻게 될 줄은 생각지 못하였다. 경은 나를 잘 도와 달라."고 하였습니다. 자신을 지지해 달라는 정치적 제안인 셈입니다.

공양왕은 또 이성계와 심덕부에게, "내가 본디 덕이 없어 재차 왕위를 사양하였으나 뜻을 이루지 못하고 왕위에 올랐으니 경들은 부디 국사를 잘 처리하여 주길 바란다."면서 눈물을 흘리며 호소하였습니다.

공양왕은 즉위하자 이색을 판문하부사로, 변안열을 영삼사사로, 심덕부를 문하시중으로, 이성계를 수문하시중으로, 정도전을 삼사우사로, 조준을 대사헌으로 임명하였습니다. 왕의 첫 인사를 보면 이색과 변안열을 앞세워 이성계를 견제하려 했다는 것을 알 수 있습니다.

그러나 이를 용납할 이성계가 아니었습니다. 이성계 일파는 이색이 이인임을 도와 우왕을 즉위시켰고, 조민수와 함께 창왕을 옹립하였으며 변안열 등과 함께 우왕 복위사건에도 연루되었다는 것 등을 들어 파직시켜 쫓아냈습니다. 그리고 이미 유배 가 있던 조민수를 국문하여 기어코 창을 왕으로 세운 계책이 이색에게서 나온 것으로 자백을 받아내어 이색을 멀리 귀양 보내 버렸습니다. 며칠 만에 공양왕의 정국구상이 무산된 것입니다.

이색에 이어 변안열 또한 계속 탄핵상소가 올라오자 삭탈관직하고 유배 보냈지만, 1390년 정월 윤소종의 상소로 결국 주살되었습니다. 이 사건은 억지로 이유를 만들어 반대파를 제거한 사례로, 이성계 일파는 이후에도 반대파를 제거할 명분만 생기면 자신들의 목적을 이룰 때까지 끊이지 않고 상소를 올려 왕을 압박하였습니다.

반대세력을 쓸어내리고 왕을 무력화시킨 이성계 일파는 본격적으로 우왕과 창왕 지우기에 나서게 됩니다.

먼저 의릉을 철거했습니다. 의릉은 공민왕이 어린 모니노를 궁으로 데려오면서 우왕의 생모라고 밝힌 궁인 한씨를 추존하여 부른 순정왕후의 무덤입니다. 이성계 일파는 우왕이 한씨의 소생이 아닌 신돈의 비첩 반야의 아들이라고 하여 우왕의 아들인 창왕을 폐위시키고 새 왕을 옹립했습니다.

그들 주장대로라면 순정왕후는 우왕과 아무 관련이 없습니다. 그러나 이들은 우왕과 관련되었다 하여 공민왕 후비의 무덤을 파헤쳐 없앤 것입니다. 나중에 조선왕조 3대 임금이 된 태종 이방원이 이성계의 계비 신덕왕후의 무덤을 옮기면서 정릉의 병풍석을 광통교 보수에 사용하여 온 백성이 이것을 밟고 지나가도록 한 것과 마찬가지로 인륜을 저버린 행태라 할 수 있습니다.

이어서 윤회종이 우왕과 창왕을 처형해야 한다고 주장하자 왕이 재상들에게 의견을 묻지만 모두 잠잠히 있는데, 이성계가 나서서 "이미 유배했다고 명에 알렸으니 변경할 수 없으며, 또 우왕이 비록 난을 일으키더라도 우리가 있으니 걱정할 필요가 없다."며 반대의견을 냈습니다.

그러나 이 말 속에는 우왕이 복위를 꾀할 수도 있지 않겠느냐는 암시가 들어 있는 것입니다. 이성계의 의중을 파악한 왕은 우왕과 창왕을 죽이기로 결정하였고, 결국 사람을 보내 처형하였습니다.

1389년(공양왕 원년) 12월 공양왕은 이성계, 심덕부, 정몽주, 지용기, 설장수, 성석린, 조준, 박위, 정도전 등 자신을 왕으로 옹립한 아홉 공신에게 녹권을 하사했습니다. 이들의 공적은 신씨인 우왕과 창왕을 폐하고 왕씨인 자신을 왕위를 옹립함으로써 명분을 바로잡고 왕실을 부흥시켜 왕업을 잇게 했다는 것입니다. 외적으로부터 나라를 보전하거나, 역도들을 무찌른 것도 아니고, 자신들이 모시던 왕을 폐하고 새 왕을 모신 것으로 공신책봉을 받았으니 결코 자랑할 만한 공적은 아닌 것 같습니다.

우왕과 창왕을 처형함으로써 반대세력의 구심점을 없애 버린 이성계 일파는 우왕 · 창왕 시절에 나타난 여러 폐정을 고친다는 명분을 들어 관제를 고치고, 자신들을 따르지 않는 신료들을 제거하였습니다.

헌부에서 우인열, 왕안덕, 우홍수 등이 변안열의 모의에 참여하였다고 극언하며 그들을 국문할 것을 청하였으나, 왕은 상소문을 내려 보내지 않았습니다. 대간들이 번갈아 가며 올린 상소에 대해서도 회답을 하지 않았습니다.

왕은 논핵을 일삼는 대간들이 못마땅했습니다. 1390년(공양왕 2년) 3월, 왕은 이성계를 모욕했다는 이유로 사사건건 논핵을 일삼는 윤소종을 추방해 버렸습니다.

전에 윤소종이 상호군 송문중에게 "지금 이성계는 군자를 진출시키고, 소인들을 물리치는 일을 못하고 있으니, 만약 하루아침에 소인의 계략에 빠지면 후회한들 무슨 소용이 있겠는가?"라고 하였는데, 이 말을 전해 들은 공양왕이 이를 빌미로 윤소종을 쫓아낸 것입니다.

이 일에 이성계가 나서서 "조정 신하 중 바른 말하는 사람은 오직 윤소종뿐이니, 처벌하는 것은 옳지 않다."며 두둔하고, 좌부대언 이사위가 만류하고 나섰지만 왕은 이를 듣지 않고 윤소종을 추방하였습니다.

그러자 이번에는 왕의 처분에 반발한 이성계가 병을 핑계로 사직을 청하였습니다. 윤소종은 이성계를 위해 일한 인물로서 윤소종이 한 말도 이성계가 반대파를 철저하게 다스리지 않는다고 말한 것에 불과한 것이었습니다. 왕은 이를 알면서도 윤소종을 추방했던 것입니다.

그러나 공양왕은 이성계의 사직을 받아들일 수 없었습니다. 하는 수 없이 왕은 환관을 보내어 문병하고 억지로 나오게 했습니다.

사직요청은 힘을 가진 신하가 힘없는 군주에게 압박을 가하는 전형적인 수법입니다. 왕의 처사가 마음에 들지 않거나 심사가 뒤틀린 경우 "나 없이 잘해 보라."는 식으로 사직의사를 밝힘으로서 왕을 압박하는 것입니다. 권신이 사직해 버리면 힘없는 왕이 할 수 있는 것이라곤 아무것도 없기 때문입니다.

이성계도 이때를 시작으로 공양왕이 재위하는 2년 8개월 동안 무려 9차례나 사직의사를 표명하였습니다. 사직의사를 접한 왕은 달래고, 사정하고, 때로는 눈물까지 흘리며 호소해야 했습니다.

사직으로 왕을 압박하는 것은 이성계뿐이 아니었습니다.

1390년 윤 4월 대간들이 이색 등의 죄를 논핵하여 왕이 재상들과 이 일을 의논하려 하였는데, 이행이 "대간들이 탄핵을 논하는 것이 공신들의 의도가 아님을 어찌 알겠습니까?"고 아뢰자, 이성계를 비롯한 아홉 공신들이 "우 · 창왕 무리들이 자신들을 미워하여 말을 조작하고 비방하고 있으니 자신들이 물러나겠다."면서 모두 문밖에 나오지 않았습니다.

하는 수 없이 왕은 전교를 내려 “이림과 이색 등은 모두 이미 귀양 보냈으니 다시는 논핵하여 처벌을 요청하지 말라.” 하고는 이행을 귀양 보내고 아홉 공신들에게는 다시 나와서 일을 보게 하였습니다.

1390년(공양왕 2년) 5월, 이성계 일파가 분열되는 사건이 발생했습니다. ‘윤이 · 이초의 무고’ 또는 ‘윤이 · 이초 옥사사건’이라 불린 이 사건은 고려의 무신 윤이와 이초가 명나라를 찾아가 이성계가 명나라를 침공하려 한다고 무고한 사건입니다. 이 사건은 이후 200여 년간 이어지는 종계변무(宗系辨誣)의 발단이 되었습니다.

이 소식을 들은 대간들이 윤이와 이초의 무리를 국문하자고 청하였으며, 왕은 정도전과 한상질을 명나라에 보내 윤이와 이초가 한 말은 거짓이라고 변명하면서 “명나라에서 사람을 보내어 직접 조사하여 달라.”고 요청하였습니다.

이 사건은 이성계 일파에게 불만을 가진 윤이와 이초의 개인적 일탈 행위로서 명나라에서도 두 사람을 유배하는 것으로 사건을 마무리한 일종의 해프닝이었습니다.

그런데 일이 묘하게 흘러가고 말았습니다. 무고에 이름이 거론된 김종연이 겁이 나서 도망한 것입니다.

그러자 무고를 사실로 여기고는 무고에 연루되어 있는 우현보, 윤유린 등을 순군옥에 수감하는 한편 이색, 이림, 우인열 등을 청주감옥에 가두었습니다. 그러나 윤유린 등 몇 사람이 옥사하는 가혹한 국문에서도 끝내 관련 증거를 찾지 못하였습니다. 당연히 무고로 인한 사건이니 관련 증거가 있을 리 없었습니다.

이 무렵 청주지방에 갑자기 큰 호우가 쏟아져 청주의 민가와 옥사가 침수되었는데, 이색 등 옥에 갇혀 있던 사람들과 관원들이 객사 앞에서 있는 은행나무에 올라 홍수를 피하였습니다. 이 소식을 들은 공양왕은 이색 등 사건에 연루된 사람들에게 죄가 없음을 하늘이 증명하는 것이라며 이들을 석방하였습니다.

7월 명나라에서 돌아온 유원정이 "명나라 황제가 윤이·이초가 허황된 말로 무고한 사실을 알고 그들을 멀리 유배 보냈습니다."라고 보고하여 이 사건은 완전히 종결되는 듯했습니다. 그러나 이 사건은 엄청난 후폭풍을 몰고 왔습니다.

이색 등 사건에 연루된 자들이 석방되자 좌사의 김진양이 "윤이·이초 사건은 세 살짜리 어린아이라도 조반이 거짓 조작한 것임을 알고 있다."고 말한 바와 같이, 없는 사실을 만들어 낸 실체가 없는 사건이었습니다.

그럼에도 불구하고 정도전 등 이성계 일파는 노골적으로 왕조 교체 의도를 드러내면서 이 사건을 빌미로 반대세력을 제거하려고 획책하였던 것입니다.

같은 해 8월 사건이 마무리되었음에도 불구하고 이성계 일파는 다시 상소를 올려 윤이·이초 무리의 죄를 다스릴 것을 청하였습니다. 왕은 도당에서 이를 의논하게 하였는데 이때 정몽주가 "윤이·이초 무리는 본디 죄가 명백하지 않으며, 또 이미 사면하였으니 다시 논죄하는 것은 옳지 않다."고 주장했습니다.

이성계 일파가 무리하게 왕조 교체를 추진하자, 이에 반대하는 인사들이 목소리를 내기 시작하였습니다. 이성계 일파 내에서도 몇몇 핵심 인물들을 제외하면 많은 사람들이 왕조 교체를 원하지 않았다고 봐야 할 것입니다.

특히 무관들 사이에서 불만이 높았던 것 같습니다. 윤이와 이초도 무관 출신으로, 이들은 명나라까지 가서 자신들의 불만을 토로한 것입니다. 1390년 11월 드러난 김종연의 모의에 일부 무장 세력이 가담하고 심덕부, 지용기 등 공신 이름이 거론된 것은 무관들의 불만이 밖으로 표출된 것이었습니다.

이 사건은 당초 윤이 · 이초 사건에 연루되어 투옥되었다가 탈출한 김종연이 서경에 와서 윤귀택, 양백지 등에게 군사를 청하여 이성계를 비롯한 공신들을 살해하려고 모의한 사건으로서, 아홉 공신들 중 심덕부와 지용기도 모의를 알고 있다고 하였습니다. 김종연이 무관들의 불만을 이용하려 한 것이었습니다.

이 사건은 모의에 참여한 양백지가 이성계에게 밀고함으로써 미수에 그치고 말았지만, 심덕부와 지용기는 이름이 거론되었다 하여 탄핵을 받아 유배되고 말았습니다.

김종연은 이 사건을 모의하면서 "이성계는 본래 성품이 인자한데 정몽주, 조준, 정도전 등에게 꾀여 이 지경에 이르게 하였다."하여 왕조 교체 음모가 정몽주, 조준, 정도전 등에 의해 추진되고 있다고 믿었던 것 같습니다.

이성계는 김종연이 옥사하자 그의 사지를 찢어 각 지방에 조리를 돌림으로써 반발세력에 대한 경각심을 높이고, 하급병사까지 숙청하는 강경한 조치를 취하였습니다. 무관들의 불만을 억누르기 위한 것이었습니다.

또 중앙과 지방의 모든 군사를 통솔할 수 있도록 여러 원수의 인장을 모두 회수하여 무장이 가지고 있던 사병집단을 흡수하였습니다.

이는 1391년(공양왕 3년) 정월 5군을 줄여 3군으로 하는 군제개편으로 이어져 이성계를 도통제사로 삼고, 배극렴을 중군총제사, 조준을 좌군총제사, 정도전을 우군총제사로 삼아 군권을 완전히 장악함으로써 이성계는 개경과 지방의 모든 군사를 통솔하게 되었습니다.

1391년 6월 헌부에서 이색, 왕안덕, 우현보 등을 다시 탄핵하여 귀양 보냈습니다. 계속해서 상소가 올라오는 것은 정도전이 일을 꾸몄기 때문이라 생각한 공양왕은 이방원을 불러 이성계에게 대간들이 무분별한 탄핵상소를 올리지 못하도록 해 줄 것을 요청하였습니다. 그러나 이에 대해 이성계가 반발하면서 사직을 요청하기까지 하였습니다.

9월 성헌과 형조에서 정도전을 탄핵하자, 왕은 이를 받아들여 정도전을 봉화로 방축하였습니다. 이성계에게 불만을 가진 세력이 커졌음을 의미합니다. 그동안 앞에 나서서 얘기하지 못하고 뒤에서만 토로하던 불만이 정도전을 유배 보낼 정도로 세력이 커진 것입니다.

그러나 이성계 세력은 건재를 과시하고 있었습니다. 정도전이 축출된 뒤에도 성헌과 형조에서 창왕 옹립을 주장한 이색의 죄를 다시 논핵한 것입니다.

이때 정몽주가 나서 “창을 세우고자 한 것은 조민수의 뜻이었습니다. 이때 이색이 비록 종실을 세우고자 하였더라도 조민수의 뜻을 빼앗는 것이 과연 가능하였겠습니까? 그렇다면 이색의 죄는 응당 가벼운 벌에 처해야 할 것입니다." 하니, 왕이 그 말을 받아들이며 "오늘 이후부터 이를 다시 논핵하는 자가 있으며 무고로써 논죄할 것이다." 고 못을 박았습니다. 공양왕과 정몽주가 뜻을 같이한 것입니다.

10월에는 다시 성헌의 상소를 받아들여 정도전의 직첩과 녹권을 회수하였습니다. 그리고 12월 공양왕은 이색을 한산부원군으로, 우현보를 단산부원군으로, 강회백을 대사헌으로 삼았습니다. 이어서 다음해 정월 권중화를 문하찬성사로, 이숭인을 지밀직사사로 임명하는 등 공양왕은 권신 간의 틈바구니에서 자신의 입지를 다져 스스로를 보전하기 위한 시도를 꾀하였습니다.

그러던 1392년 3월, 정국이 급변하는 사태가 발생하였습니다. 명나라에서 돌아오는 세자를 맞으러 황주로 갔던 이성계가 사냥하다 말에서 떨어져 심각한 부상을 입은 것입니다. 왕이 이 소식을 접하고 의원과 약을 보내 주었습니다.

정몽주는 그 소식을 듣고 기뻐하며, 김진양 등 간관들과 헌부를 동원하여 정도전을 비롯한 조준, 남은, 윤소종 등 이성계 핵심세력들을 탄핵하였습니다. 정몽주의 정변이 시작된 것입니다.

그러나 탄핵상소를 받은 공양왕은 올라온 상소를 내려 보내지 않았습니다. 김진양 등이 대궐 문에 엎드려 다시 청하자 비로소 심덕부와 정몽주를 불러 의논한 다음, 이들을 처형하지 않고 삭탈관직하고 귀양 보낸 것으로 마무리 지었습니다. 만일 이때 정도전, 조준 등을 처형했다면 고려의 운명도 달라졌을 것입니다. 그러나 역사는 그렇게 흘러가지 않았습니다. 공양왕은 정몽주 일파의 움직임을 권신들 간의 권력 다툼으로 보았을 가능성이 높습니다. 이성계의 핵심 인물인 심덕부를 불러 정몽주와 같이 대간들의 상소를 의논했다는 것만 보더라도, 왕은 정몽주를 믿고 있지 않았던 것으로 보입니다.

정몽주가 진정 고려를 위해 이성계의 왕조 교체 의도를 막으려 정변을 일으켰는지 알 수 없으나, 공양왕이 볼 때는 정몽주 또한 권신의 한 사람일 뿐이었습니다. 그들만의 권력 다툼에 끼어들고 싶지 않았을 것이며, 정몽주의 정변이 성공할 것이라고 믿지도 않았을 것입니다.

헌부에서 정도전과 조준을 극형에 처하도록 상소를 올리자 왕은 "정도전을 목 베라는 말을 하지 않았다."며 남은 등 여러 사람을 먼저 국문하도록 지시하였습니다. 정국의 앞날이 예측 불가능한 상황에서 왕은 감히 정도전, 조준 등 이성계의 핵심 인물들을 죽일 수 없었던 것입니다.

정몽주에 의해 자신들의 중심세력이 무너지자, 이방원은 해주로 이성계를 찾아가서 형세의 위급함을 알렸습니다. 이에 이성계는 병든 몸을 이끌고 밤중에 개성 집으로 돌아왔습니다.

이방원은 정몽주를 제거하기로 했습니다. 1390년 4월 26일, 정몽주가 이성계의 집을 찾아 문병할 겸 정세를 살피고 돌아갈 때 이방원은 조영규 등을 보내 선죽교에서 정몽주를 격살해 죽였습니다. 그리고 "정몽주가 도당을 만들어 나라를 어지럽혔다."며 저잣거리에 그의 머리를 효수하고, 우현보 · 이숭인 · 김진양 등 반대세력을 제거하였습니다.

이어서 정도전, 조준, 배극렴 등 자신들의 세력을 다시 불러올리고, 이색을 추방하였습니다. 이성계는 다시 문하시중이 되어 모든 권력을 장악하였습니다.

1392년 7월 12일 『고려사』에는 고려 공양왕의 마지막 모습이 다음과 같이 기록되어 있습니다.

공양왕이 이성계의 집으로 가서 술자리를 마련하고 함께 맹세의식을 거행하려 했다. 의장대와 경호병이 열 지어 있고 백관들이 반열에 나아가자, 우시중 배극렴이 왕대비를 찾아 다음과 같이 아뢰었다.

"지금 왕이 혼암(昏暗)하여 임금의 도리를 이미 잃고 인심도 이미 떠나갔으므로, 사직과 백성의 주재자가 될 수 없으니 이를 폐하기를 청합니다."

결국 왕대비의 지시에 따라 폐위가 결정되었다.

동지밀직사사 남은이 문하평리 정희계와 함께 교서를 가지고 왕이 있는 궁궐로 가서 우부대인 한상겸을 시켜 왕대비의 교서를 읽게 하니, 왕이 엎드려 명령을 들었다.

또 헌납 송인을 시켜 뜰에 내려가 교서를 읽게 함으로써 모든 관원들에게 폐위 사실을 알렸다.

마침내 왕을 폐위시키고 원주로 추방하니, 왕비 · 세자와 빈이 따라갔다. 얼마 후 간성군으로 옮겨 간성군으로 봉했다. 3년 후에 삼척에서 죽었으며, 향년 50세였다.

공양왕은 그의 나이 45세에 왕위에 올랐습니다. 거듭해 왕위를 사양했으나 결국 왕이 되었고, 2년 8개월 만에 쫓겨나 처형당하고 말았습니다.

공양왕을 폐위시킨 이성계 일파는 민심을 들먹이며 이성계를 왕으로 추대하고, 으레 그렇듯 이성계는 몇 번 사양하는 체하다가 이를 수락하고 왕위에 올랐습니다. 그리고 그들은 이를 역성혁명이라 하였습니다.

1416년(태종 16년) 이방원이 공양왕으로 추봉했습니다. 그런데 '공양(恭讓)'이라는 뜻이 '공손하게 양보하다' 또는 '고분고분하게 넘겨주다'는 의미이니, 조선왕조의 입장에서 보면 딱 맞는 시호인 것 같습니다. 실제로는 그렇게 고분고분하지 않았지만.

8

윤이 · 이초 무고와 '종계변무'

'종계변무(宗系辨誣)'는 종가의 혈통에 대하여 사리를 따져 밝힌다는 의미입니다. 이는 명나라 『대명회전』에 이성계의 선조가 이인임으로 기록되어 있는 것을 알게 된 조선왕조가 명나라에 잘못된 기록을 바로잡아 달라고 거의 200년 가까이 애걸하여 바로잡은 사건을 말합니다.

이 사건은 공양왕 때 윤이와 이초가 이성계에게 앙심을 품고 "이성계는 이인임의 아들이며, 이인임은 공민왕을 시해했고, 그 아들인 이성계는 우왕과 창왕을 시해했다."고 거짓말을 하면서 시작되었습니다.

1390년 5월 『동국통감』의 기록입니다. 왕방과 조반 등이 명나라에서 돌아와 다음과 같이 보고하였습니다.

명나라 예부에서 신 등을 불러 말하기를, "너희 나라 사람인 파평군 윤이와 중랑장 이초란 자가 와서 황제에게 호소하기를, '고려의 이시중(이성계)이 왕요를 세워 왕으로 삼았는데, 종실이 아니고 곧 이시중의 인친입니다. 왕요가 이시중과 함께 병마를 동원하여 장차 상국을 침범하려고 꾀하고 있으므로 재상 이색 등이 불가하다고 말하자 곧바로 이색, 조민수, 이림, 변안열, 권중화, 우인열, 김종연, 윤유린 등을 멀리 귀양 보냈습니다. 그 재상들이 몰래 우리들을 보내어 천자께 고하고 이어서 친왕의 군사를 보내어 토벌하여 주기를 청하라고 하였습니다.'고 하며, 윤이와 이초가 기록한 이색, 조민수 등의 이름이 적힌 종이를 꺼내 보였습니다." …

예부의 관원이 말하기를 "천자의 성명하심으로 또한 그것이 거짓임을 알고 계시니 네가 빨리 돌아가서 왕과 재상에게 말하여 윤이와 이초의 글 속에 있는 사람들을 힐문하고 와서 알리라."고 하였습니다.

이 소식을 들은 대간들이 윤이와 이초 무리를 국문하자고 청하였습니다. 마침 무고사건에 이름이 거론된 김종연이 겁이 나서 도망하자 이 무고에 연루된 이색, 이숭인, 권근, 우현보 등을 국문하였습니다. 며칠 만에 옥사하는 사람이 생길 정도로 가혹하였으나, 이들이 끝까지 불복하는 바람에 관련 사실을 입증할 만한 증거를 찾지 못하였습니다.

공양왕은 정도전을 명나라에 보내어 윤이 · 이초의 주장이 거짓이라고 변명하면서"명나라에서 사람을 보내어 직접 조사하여 달라."고 요청하고 돌아왔습니다. 증거를 찾지 못하자 공양왕은 이색, 우현보 등 연루된 사람들을 석방시켰으며, 마침 명나라에서도 이 사건을 윤이와 이초의 개인적인 책동이라 판정하고 두 사람을 유배하고 사건을 마무리함에 따라 이 사건은 종결되었습니다.

그러나 이 사건은 왕조 교체를 추진하는 기회로 삼으려는 이성계 일파의 음모로 이색, 우현보 등에 대한 탄핵이 계속되자 내부에서 불만이 터져 나와 이성계 일파가 분열되는 양상으로 발전하게 되었습니다.

이 사건은 공양왕이 즉위한 후 이성계 일파가 정권을 장악하자, 권력에서 소외된 반대세력이 명나라의 힘을 빌려 자신들의 입지를 만회하기 위해 일으킨 사건이었습니다. 그런데 이들이 명나라에서 주장한 거짓 내용이 그대로 명나라의 법전 및 역사서인 『대명회전』에 기록됨으로써 조선시대 명나라와의 외교 문제로 비화되었습니다.

조선왕실에서는 이 기록을 고치기 위해 명나라에 수없이 주청사를 보내 200년 만에 이를 해결하게 됩니다. 엄청난 국력 낭비가 초래된 것입니다.

윤이와 이초의 무고가 있던 당시 고려 내부 사정을 명확히 알 리 없었던 명나라는 두 사람의 무고 내용을 그대로 『대명회전』 기록에 남겼는데, 고려에서는 이러한 사실을 알지 못하고 있었습니다.

조선왕조 개창 후 1394년 명나라 황제가 사신 황영기를 통해 "옛날 고려 배신 이인임의 후사 이성계의 지금 이름 이단이 …."라는 구절로 시작하는 국서를 전달했습니다. 이에 대해 이성계는 "자신은 이인임과 같은 이씨가 아니며, 이인임이 저지른 불법을 처리하여 그들의 미움을 받게 되었고, 그 일파인 윤이와 이초가 명나라로 도망하여 거짓말을 하기에 이른 것"이라 변명하였습니다.

이후 조선에서는 이 사실을 잊고 있었는데, 1402년(태종 3년) 조온이 명나라에 사신으로 다녀온 후 명나라 『조훈조장(祖訓條章)』에 "이방원의 종계가 이인임의 후손이라 하였다"는 구절이 있음을 보고했습니다.

이에 이방원은 조선왕실의 족보를 상세히 보고하고 종계를 변무해 달라는 청원을 다시 올렸습니다. 이를 전달받은 명나라 예부상서는 이 사실을 황제에게 주청하자, 황제는 기록을 잘못한 자를 처벌케 한 다음 기록을 고치라는 하교를 내렸습니다. 명나라에서 돌아온 민무흄은 일이 마무리되었다고 보고하였습니다.

하지만 1518년(중종 13년) 명나라에 주청사로 갔던 남곤이 "기록이 고쳐지지 않았으며, 게다가 이성계가 고려의 4왕(공민왕, 우왕, 창왕, 공양왕)을 시해했다고 기록되어 있다."고 보고하였습니다. 이에 중종은 과거 이성계와 이방원이 명에 올렸던 서류와 명나라 황제가 윤허했고 이에 사례한 표 등의 자료를 모아 다시 보냈습니다.

이에 대해 명나라 예부에서는 조선의 변명을 믿지 않다가 황제의 하교까지 받은 사실을 제시하자 비로소 황제에게 올리니, 황제는 "선조의 오명을 씻으려는 조선국왕의 성효가 가상하다."며 조선왕실의 종계 개정을 윤허했습니다.

그러나 종계문제만 윤허를 받았을 뿐, 고려 4왕을 시해했다는 점은 언급조차 없었습니다. 그러자 조정은 우선 종계문제를 윤허한 것에 대해 사은사를 보내고 고려의 4왕 시해 문제는 다시 주청하는 쪽으로 방향을 잡았습니다.

1529년(중종 24년) 명나라에서 『대명회전』의 재편수가 추진되자, 조선조정은 주청사를 보내 이를 해결하려 했습니다. 그동안은 말로만 약속을 받았으므로 이번이 잘못된 기록을 고칠 수 있는 기회였기 때문입니다. 하지만 명나라에서는 재편수가 시간이 많이 걸리는 일이라며 확답이 없는 가운데, 명종 때에는 교정본이 워낙 방대하여 황제가 아직 다 읽어 보지 않았다는 이유로 시간만 흘렀습니다.

1573년(선조 6년)에 명으로부터 개정약조는 받아냈지만, 4왕 문제에 대해서는 여전히 대답이 없었으며, 명나라 예부에서는 주청 내용에 대한 문구만 트집을 잡아 그냥 돌아오고 말았습니다. 1575년(선조 8년) 다시 주청사를 보내 종계문제에 대하여 개정되었다는 답변을 들었으나, 실제 개정이 되었는지 여부는 확인되지 않았습니다.

그러다 1584년(선조 17년) 선조는 다시 명나라에 주청사를 보냈고, 마침내 조선왕실의 숙원이던 종계변무(宗系辨誣)를 성사시키게 되었던 것입니다.

그러면 어떻게 일이 해결될 수 있었을까요? 숙종 때 편찬된『통문관지』에 이 문제를 해결한 역관 홍순언의 활약이 기록되어 있는데, 그 내용을 요약하면 다음과 같습니다.

명종 때 역관 홍순언은 명나라 연경에 갔을 때 홍등가에 들러 놀다가 아름다운 기녀를 보고 그녀를 불렀는데, 그 기녀가 소복을 입고 방에 들어왔습니다. 홍순언이 그 사연을 물어본 즉, 그 여인은 원래 대갓집의 규수였으나, 전염병으로 가족을 모두 잃은 터에 장례 치를 돈이 없어 장례비용을 마련하기 위해 기방에 팔려 왔다는 것이었습니다.

이 말을 들은 홍순언이 장례비용을 주자, 그 여인이 은공의 이름을 말하지 않으면 돈을 받을 수 없다고 하여 그냥 "홍씨"라고만 말하고는 기방을 나왔습니다. 기녀에게 준 돈이 공금이어서 홍순언은 돌아온 후 공금횡령으로 투옥되고 말았습니다.

1584년 선조가 다시 주청사를 보내면서 일을 성사시키지 못하면 역관들의 목을 날리겠다고 엄명을 내리자, 역관들은 돈을 각출해 홍순언의 빚을 갚아 주며 수석역관 자리를 맡겼습니다.

한편 홍순언에게 도움을 받은 여인은 그 후 예부시랑 석성에게 의탁하였다가 그의 후처가 되었습니다. 석성은 자신의 후처가 조선의 역관에게 큰 도움을 받은 일을 전해 듣고 크게 감명을 받았으며, 조선에서 오는 역관 중 홍씨가 있는지 주의 깊게 살피고 있었습니다.

그러던 중 석성이 찾던 홍씨 성을 가진 역관이 명나라에 입국하자 석성이 사람을 보내 후히 대접한 후, 홍순언에게 "기녀에게 은혜 베푼 것을 기억하느냐?"고 묻고는 감사의 말을 전했습니다. 마침 당시 석성의 직책이 조선의 종계변무 문제를 해결할 수 있는 예부상서였고, 홍순언은 석성의 적극적인 협조를 얻어 종계문제를 해결할 수 있었습니다.

이에 따라 조선의 사신들은 종계문제와 4왕 문제가 수정된 『대명회전』 등본을 받을 수 있었습니다. 이후 1587년과 1589년 중찬 된 『대명회전』의 일부와 전질을 받아 옴으로써 200년에 걸친 종계변무 문제가 말끔히 해결되었습니다.

위의 내용은 『조선왕조실록』의 기록과 맞지 않는 부분이 많아 사실 여부는 알 수 없습니다. 그러나 한번 잘못을 저지르면 이를 고치기가 이토록 힘들다는 걸 보여 주고 있습니다.

윤이 · 이초 무고사건은 외세에 의존하려는 사대주의에서 비롯된 사건입니다. 그러나 이들의 무고로 이성계가 이인임의 아들로 기록된 것은 조선왕조의 정통성을 훼손할 수 있는 중대한 문제로서 계속 주청사를 보내서라도 이를 고치려 할 수밖에 없었습니다.

반면 명나라에서는 답답할 게 없는 일입니다. 또『대명회전』을 고치는 일은 매우 방대하고 오랜 시간이 걸리는 일이었기 때문에 조선에서 요구한다고 바로 고칠 수도 없는 일입니다. 이 사건이 1584년이 되어서야 해결될 수 있었던 것도 이때『대명회전』개정이 이루어졌기 때문입니다.

이 사건으로 조선왕조는 200여 년에 걸쳐 불필요한 힘을 쏟아야 했습니다. 개인의 일탈 행위가 나라에 얼마나 큰 해를 끼칠 수 있는가를 보여 주는 사례입니다.

9

또 하나의 권력 '정몽주'

정몽주는 이성계의 위엄과 덕망이 날로 성하여 중외의 민심이 이성계에게 돌아가는 것을 꺼렸는데, 조준 · 정도전 · 남은 등이 비로소 이성계를 왕으로 추대하려는 뜻이 있다는 것을 알고는 이성계의 병세가 위독한 기회를 틈타 이성계 일파를 도모하려고 대간들을 사주하여 조준 · 정도전 · 남은 및 평소에 마음을 이성계에게 돌린 자 5, 6인을 죽이고 장차 이성계까지 죽이려 하였던 것이다.

이방원이 이성계에게 형세가 위급함을 알리고 이성계의 아우 이화와 사위 이제 등과 더불어 의논하여 정몽주를 제거하려고 모의하였다. 정몽주는 1392년 4월 26일 이성계의 집을 찾아 사태의 변화를 살펴보려 하였는데 이성계는 평소와 다름없이 그를 대접하였다. 이방원은 "때를 놓칠 수 없다." 하고는 정몽주가 돌아가기에 이르자 조영규 등 4, 5명을 보내어 기다리고 있다가 정몽주를 쳐서 죽였다.

『동국통감』 1392년(공양왕 4년) 4월의 기록입니다. 정몽주가 죽자 이성계 일파는 정몽주를 "도당을 만들어 충량한 신하들을 모함하여 나라를 어지럽힌 죄"로 저잣거리에 머리를 효수하고, 우현보 · 이숭인 등 정몽주 일파를 제거하였습니다. 그리고 왕조 교체를 노골화하여 1392년 7월 12일 배극렴이 왕대비에게 "공양왕의 폐위를 건의"하여 폐위시켰습니다.

정몽주는 이성계의 왕위 찬탈을 막고자 했지만, 그가 죽은 뒤 석 달도 지나지 않아 공양왕이 폐위되고 왕조 교체가 이루어졌습니다.

우리나라 성리학의 창시자로 평가받는 정몽주는 이성계 일파의 역성혁명에 반대하여 고려왕실을 지키려다 죽은 고려의 충신으로 알려져 있습니다.

그러나 『고려사』나 『동국통감』에는 우리가 잘 알고 있는 정몽주와 이방원이 주고받은 시조나 정몽주가 죽었다고 알려진 '선죽교'라는 지명이 보이지 않습니다.

이성계 일파와 맞서다 대역죄인으로 효수까지 된 정몽주는 조선 초만 하더라도 고려의 간신이었습니다. 그런데 정몽주를 죽인 이방원이 왕위에 오르면서 그를 고려의 충신으로 추봉하였습니다. 이방원에 의해 충신으로 부활한 정몽주에 대하여 『고려사』나 『고려사절요』, 『동국통감』에 「단심가」나 선죽교에 대한 기록이 전혀 나오지 않는 것은 이상한 일입니다. 더구나 이방원 자신이 정몽주를 고려의 충신으로 만들었으면서 이런 중요한 일을 잊어버렸을 리도 없습니다.

「하여가」와 「단심가」에 대하여 전해 오는 일화를 살펴보겠습니다. 이성계는 이방원에게 정몽주를 자기 세력으로 끌어들일 것을 지시했습니다. 그래서 이방원은 정몽주가 이성계의 병문안을 마치고 돌아가려고 하자 그를 따로 불러 술상을 차려 놓고 이야기하면서 먼저 이방원이 정몽주의 마음을 떠보았습니다. 「하여가」입니다.

이런들 어떠하리 저런들 어떠하리
만수산 드렁 칡이 얽혀진들 어떠하리
우리도 이같이 얽혀서 백년까지 누리리라

자신들과 뜻을 함께하지 않겠느냐는 물음에 정몽주는 변치 않는 자신의 마음을 답가로 들려주었습니다. 바로 「단심가」입니다.

이 몸이 죽고 죽어 일백 번 고쳐 죽어
백골이 진토 되어 넋이라도 있고 없고
님 향한 일편단심이야 가실 줄이 있으랴

「단심가」는 정몽주가 일편단심 고려에 충성하는 굳은 절개를 표현하고 있습니다. 우리는 「단심가」를 정몽주가 지은 것으로 알고 있지만, 일부에서는 이 시조가 정몽주가 지은 것이 아니라는 주장을 펼칩니다.

우선 「단심가」는 조선왕조에서 편찬한 『고려사』나 『조선왕조실록』 등 역사기록물에 보이지 않습니다. 그러다가 고려가 멸망한 후 300여 년이 지난 1728년(영조 4년) 김천택이 지은 『청구영언』에 갑자기 등장합니다. 작가 및 작품에 의문이 드는 것은 당연한 일입니다. 「단심가」가 정몽주의 작품이 아니라면 「하여가」 역시 이방원이 지은 것이 아닐 것입니다.

정몽주가 죽었다고 알려진 선죽교에 대하여도 여러 이야기가 전해 오고 있습니다. 일설에는 정몽주가 이성계의 집을 찾게 된 것이 이방원이 계략으로 정몽주를 유인한 것이라고도 합니다. 이때 이방원은 미리 조영규 등을 시켜 선죽교 다리 밑에서 숨어 있다가 정몽주가 지나갈 때 죽이라고 지시하였다는 것입니다.

정몽주가 조영규 등의 철퇴를 맞고 흘린 피가 선죽교 다리에 묻었는데, 오랫동안 그 흔적이 지워지지 않았다고도 합니다. 정몽주가 죽은 후 선죽교 다리 돌 틈에서 대나무가 솟아올라 정몽주의 충절이 나타났다는 이야기가 있으며, 이러한 까닭에 원래는 '선지교'라 불렸던 다리 이름이 '선죽교'로 바뀌었다고 합니다.

개성에서는 정몽주가 선죽교에서 죽지 않고 부상당한 채 피신하였으나 뒤따라온 자객에 의해 살해되었다는 이야기도 전해 오고 있습니다.

정몽주는 최영과 함께 고려의 충신으로 알려져 있습니다. 모름지기 충신이라면 그의 말과 행동이 일치하는 모습을 보여야 합니다. 그러나 1392년 이성계의 낙마를 기회로 이성계 일파를 몰아낼 정변을 일으킨 것 말고는, 그에게서 고려 충신의 모습을 발견하기 어렵습니다.

정몽주는 이색의 문하에서 정도전 등과 수학했습니다. 정몽주는 고려에 성리학이 처음 들어올 당시, 이를 탁월하게 이해하고 소화한 뛰어난 학자이기도 하지만, 명나라나 일본과의 외교 문제를 주도적으로 해결한 외교가이기도 합니다. 정몽주는 왜구와의 협상에서 포로 백여

명을 돌려받기도 하였고, 명나라에 사신으로 가서는 세공을 감면받아 오기도 하였습니다.

정몽주는 성리학을 익힌 사대부들이 그렇듯 중화사상과 사대주의적 의리관으로 명나라를 섬기기를 원했습니다. 우왕이 즉위한 후 당시 실권자였던 이인임이 다시 원나라와 통교하려 하자 정몽주는 반대의 글을 올리고, 정도전도 북원사신영접문제로 이인임을 반대하다 유배되었습니다. 신진사대부들은 원나라가 쇠퇴해 가고 있는 오랑캐의 나라라며 반대한 것입니다.

당시 개혁 성향의 신진사대부들은 대부분 이성계를 지지하는 상황이었습니다. 이는 이성계가 권문세족 출신이 아니면서도 강한 군대를 거느리고 왜구 등을 물리치는 데 큰 공을 세워 최영과 함께 고려의 핵심 무장 세력이 되었기 때문입니다. 이성계 자신도 쌍성총관부 출신으로 중앙정계에서 소외되어 있어 보수문벌 출신이 아니면서도 정치적 식견을 가진 문사가 필요했기 때문에 이들을 적극 받아들이고 있었습니다.

정도전은 후일 자신을 한(漢)나라의 장량(張良)에 비유하면서, 한고조가 장량을 이용한 것이 아니라, 장량이 한고조를 이용했다고 하여 실질적인 조선왕조 개창의 주역은 자신이라고 할 정도로 이성계를 적극 지지했으며, 정몽주도 이성계를 지지함으로써 자신의 정치적 위상을 높일 수 있었습니다.

이인임에 반대하여 유배되었다가 돌아온 정몽주는 시류에 영합하면서 권력자들의 뜻과 교류를 넓혀 나갔습니다. 당대의 권력자들을 자신의 집에 초대해 성대한 만찬과 연회를 베풀었으며, 이때 우왕과 이성계 역시 그의 집에 찾아 연회를 즐겼습니다. 전형적인 권력지향형 인물의 행태로 『용재총화』와 『임하필기』에 나오는 최영의 연회와 비교하면 그 차이를 분명히 알 수 있습니다.

명나라가 철령위 설치를 통고해 오자, 최영은 요동을 공략해야 한다고 주장하였습니다. 반면 이성계와 정몽주 등 신진사대부들은 명나라와 외교를 통하여 해결하자는 입장이었습니다. 우왕과 최영에 의해 요동정벌이 추진되자 이성계는 4대 불가론을 들어 위화도에서 회군하여 최영을 귀양 보내고 우왕을 폐위시켜 강화도로 내쫓았습니다.

위화도회군은 엄연한 반역 행위입니다. 정몽주가 진정한 충신이었다면 이신벌군(以臣伐君)을 들어 이성계와 조민수의 단죄를 주장해야 했습니다. 그러나 정몽주는 위화도회군을 지지하고, 우왕의 폐위를 지지했습니다. 이는 후일 유배된 우왕을 찾아 눈물을 흘렸다는 이색의 행동과는 대비되는 행동이었습니다.

이성계는 조민수의 주장에 따라 우왕의 아들 창을 왕으로 옹립했으나, 훗날 창왕이 성장하면 자신들이 척결 대상이 될 것이 분명하므로 창왕을 왕위에서 끌어내려야 했습니다. 이성계는 시중에 떠도는 풍문을 이용하여 창왕의 혈통을 문제 삼았습니다. 우왕은 공민왕의 아들이 아니라 신돈의 비첩이었던 반야의 소생으로 왕씨가 아니라 신씨라는 것이었습니다. 이성계 일파는 폐가입진을 명분으로 우왕과 창왕을 폐위시키고 공양왕을 추대하여 왕으로 옹립하였습니다.

우왕이 비록 궁에서 태어나지 않았지만 신돈의 아들이라는 증거는 없었습니다. 설사 우왕이 공민왕의 아들이 아니라 하더라도 왕이 자식으로 인정해서 왕위를 물려받았는데 이를 반역으로 몰아 쫓아내는 것은 명분이 없는 것입니다. 또 창왕은 자신들이 옹립한 왕입니다. 자신들이 옹립한 왕의 정통성을 부정하고 가짜 왕이라 하여 쫓아내고 처형한 것은 자기모순에 불과합니다. 이러한 모순에 불구하고 정몽주는 폐가입진에 찬성하였습니다. 스스로의 지조를 버린 것입니다.

공양왕이 왕위에 오르자, 정몽주는 왕을 옹립한 아홉 공신으로 책록 되었습니다. 이성계를 제외하면 무관인 심덕부에 이어 이름을 올려 이성계 일파 내에서도 그 위상이 높았던 것으로 생각됩니다. 외적의 침입으로부터 나라를 구하거나 역적을 토벌한 공로가 있어서가 아니라, 한때 자신들이 모셨던 왕을 폐하고 새 왕을 추대하여 공신이 된 것은 신하의 도리가 아닙니다.

정도전은 이성계 일파가 실권을 장악하자 조준 등과 함께 토지개혁을 적극 추진하고 폐가입진에 앞장섰습니다. 반면 정몽주는 폐가입진에는 동조하였지만 권문세족들의 경제적 기반을 무너뜨리려는 토지개혁에 어정쩡한 모습을 보여 백성들이 원하는 개혁에는 미온적인 모습을 보였습니다.

토지개혁이 정적들을 제거하기 위한 책략이었다 하더라도 백성들의 삶을 나아지게 하는 개혁정책임은 분명합니다. 정적 제거만을 위한 음모에는 뜻을 같이하면서 막상 백성을 위한 개혁에는 우물쭈물하며 망설였던 것입니다.

여기까지 보면 정몽주를 고려의 충신이라고 할 수 없습니다. 오히려 간신이라고 해야 할 정도입니다. 이색, 우현보, 이숭인 등은 처음부터 끝까지 이성계 일파를 지지하지 않았고, 그 때문에 갖은 고초에 시달려야 했습니다. 이들이야말로 고려의 충신이라 할 만합니다.

반면 정몽주는 많은 부분에서 이성계를 지지하였습니다. 유교적 명분론이나 의리론을 외면하면서까지 이성계와 뜻을 같이해 왔습니다. 공양왕을 옹립하여 책봉된 아홉 공신 중 세 번째로 명단이 올라 있을 정도로 적극적이었습니다. 의견이 갈린 것은 토지개혁 문제가 거의 전부입니다.

이성계 일파와 뜻을 같이하던 정몽주는 1390년 윤이 · 이초의 무고사건을 계기로 틈이 벌어지게 됩니다. 이성계와 정도전 등이 왕조 교체를 위해 실체도 없는 사건을 침소봉대하여 무리하게 반대세력을 제거하려 하자, 이성계 일파 내부에서 이에 대한 불만이 표출된 것입니다.

정몽주도 이성계 일파의 주장에 반대하는 목소리를 내기 시작했습니다. 그러자 왕조 교체를 반대하는 불만세력이 정몽주를 중심으로 점차 결집하며 이성계 일파의 일방적인 독주체제에 제동이 걸렸습니다. 그렇지만 이들 세력이 이성계 일파의 세력을 뛰어넘을 정도로 커졌다고는 볼 수 없을 것 같습니다.

정몽주는 어떻게 하든지 왕조 교체만큼은 막아야겠다는 생각을 가졌을까요? 위화도회군 이후의 정치 상황을 보면, 이성계가 마음만 먹으면 언제라도 왕조 교체를 할 수 있었습니다. 이를 막을 수 있는 길은 힘을 기를 때까지 최대한 지연시키는 방법밖에 없습니다. 따라서 이성계 일파의 정책에 보조를 맞추면서 기회를 엿보고 있지 않았을까 하는 것입니다. 그러나 그동안의 정몽주 행태를 돌아보면 이렇게 생각하기도 어렵습니다. 이성계를 비롯한 공신살해를 모의하였던 김종연은 정몽주를 왕조 교체에 앞장서 온 인물로 생각하였습니다. 또 정몽주가 이성계 반대세력인 이색이나 우현보, 이숭인 등과 연대한 기록도 찾기 힘듭니다. 정몽주와 뜻을 함께한 것은 김진양 등 이성계에 대한 일부 불만세력이었습니다.

공양왕도 자신을 낮추어서까지 왕조 교체만큼은 막아야겠다는 생각을 가졌는지 모르겠습니다만, 공양왕과 정몽주 두 사람은 이성계 일파를 상대로 공동으로 대처하지도 않았습니다. 서로 신뢰감이 없었다고 보아야 할 것입니다.

정몽주가 자기 세력을 확장하여 가고 있던 1392년(공양왕 4년) 3월, 명나라에서 돌아오는 세자를 맞으러 갔던 이성계가 사냥을 하다 말에서 떨어지는 사고가 발생했습니다. 부상이 매우 심하였습니다. 정몽주는 이 기회를 이용하여 이성계 일파를 제거하려고 대간들을 동원하여 정도전 · 조준 · 남은 등 이성계의 핵심 인물들을 탄핵하였습니다. 이들이 왕조 교체를 주도하고 있었기 때문입니다.

정몽주의 정변이 시작되었지만, 이 정변은 며칠을 못 가고 막을 내리고 맙니다. 우선 공양왕이 비협조적이었습니다. 정도전, 조준 등을 처형해야 된다는 대간들의 상소에 왕은 이성계 일파의 핵심 인물인 심덕부를 불러 정몽주와 같이 의논했습니다. 그 결과, 이들을 유배 보내는 것으로 마무리 지었습니다. 대간들이 거듭해 극형을 요청했지만 왕은 오히려 처형은 안 된다고 선을 그었습니다.

그사이 정몽주는 이방원에 의해 죽음을 맞이하였습니다. 그리고 정몽주가 죽은 뒤 세 달도 채 되지 않아 이성계가 왕위에 오름으로써 왕조 교체가 이루어졌습니다.

정몽주가 죽은 뒤 9년이 지난 1401년(태종 원년) 11월 7일에 간신 정몽주는 충신 정몽주로 화려하게 부활합니다. 왕위에 오른 태종 이방원이 정몽주를 영의정에 추증하고, 익양부원군에 추봉했으며, 문충(文忠)이라는 시호를 내린 것입니다.

정몽주와 정도전은 고려 말 이성계 일파의 핵심 인물들이었지만, 둘 다 이방원에 의해 죽었습니다. 한 명은 고려왕조에서, 다른 한 명은 조선왕조가 개창한 후 죽었습니다.

조선왕조 초기만 하더라도 간신이었던 정몽주는 이방원이 왕위에 오른 후 고려의 충신으로 떠받들어졌습니다. 대신 조선왕조 개창의 일등공신이던 정도전은 철저히 파괴되었습니다.

이방원은 정몽주와 정도전을 대비시켜 한 사람은 충신으로 다른 한 사람은 역적으로 만들었습니다. 정치적 필요에 의해 충신과 간신이 만들어진 것입니다.

이방원은 왕권을 강화할 필요가 있었을 것입니다. 특히 자신들이 저지른 하극상이 다시 되풀이되어서는 안 된다는 생각으로 국가에 충성하는 풍조를 만들 필요가 있었을 것이고, 거기에 적합한 인물로 정몽주를 선택하여 충신으로 변신시켰다고 봅니다.

정몽주의 충절은 선죽교에 뿌린 피가 영원히 지워지지 않는다는 전설로 남았고, 그의 학문과 이념은 길재, 이숭인 등에 의해 사림파로 이어졌습니다. 정몽주는 그의 학풍을 계승한 사람파가 관학세력을 대체하면서 조정을 장악한 중종 때에는 문묘에 배향되고 이후 조선 말까지 그 세력을 이어 갔습니다. 그리고 그의 충정은 점점 미화되고 전설이 되어 갔습니다.

10

영욕의 그늘 '왕의 여인들'

역사의 뒤안길에는 항상 여인이 등장합니다. 남성 주도의 사회에서 여성은 소극적인 역할밖에 못하지만, 때로는 여인들의 움직임이 역사의 큰 물줄기를 바꾸어 놓기도 합니다. 특히 공민왕과 관련된 여인들은 이성계 일파에게 왕조 교체의 명분을 제공하거나 이성계의 권력을 강화하는 데 적극적인 역할을 담당하기도 하였습니다.

공민왕의 모후 명덕태후는 왕의 급진적인 개혁에 제동을 걸면서 신돈과 대립하기도 했으며, 공민왕이 죽은 후 우왕이 아닌 다른 종친을 왕으로 세우려다 이인임과 대립하기도 했습니다.

태후가 우왕이 아닌 다른 종친을 왕으로 옹립하려 한 이유는 잘 알려져 있지 않지만, 우왕의 나이가 너무 어렸던 탓이 아니었나 생각됩니다. 이미 자신의 손자인 충목왕과 충정왕이 어린 나이에 왕위에 올랐다가 얼마 후 폐위되어 죽음을 맞이한 것을 지켜보았기 때문입니다. 명덕태후는 우왕이 즉위하자 섭정을 하다 1380년 1월 83세를 일기로 세상을 떴습니다.

· 공민왕

공민왕은 노국대장공주 인덕왕후를 비롯하여 혜비 이씨, 익비 한씨, 정비 안씨, 신비 염씨 등 5명의 부인을 두었으며, 이외에 우왕과 관련하여 궁인 한씨와 반야에 대한 기록이 있습니다.

『고려사』에는 노국대장공주가 죽고 심신이 피폐해져 있던 공민왕은 자제위에게 자신의 왕비들을 강간하게 하고, 아이가 생기면 자신의 아이로 삼으려 했다는 기록이 전해집니다. 당시 혜비 있씨, 정비 안씨, 신비 염씨 등은 이 명령을 거부하였으며, 익비도 처음에는 이를 거부하였으나 왕이 칼로 위협을 하여 어쩔 수 없이 관계를 가졌다는 것입니다.

그러나 이 기록은 조선왕조에서 왕조 교체의 정당성을 높이기 위하여 왜곡한 것으로 보고 있습니다.

휘의노국대장공주(徽懿魯國大長公主)는 원나라 종실 위왕의 딸로 공민왕이 원나라에 있을 때 부인으로 맞았으며, 공민왕이 왕위에 오르자 함께 고려로 왔습니다. 공민왕이 즉위한 지 8년이 지나도록 아이가 없자, 대신들의 건의로 이제현의 딸을 궁중으로 맞아들였습니다.

공민왕 10년에는 홍건적을 피해 왕을 따라 남쪽으로 피난했는데, 갑자기 당한 일이라 연(輦)을 버리고 말을 타고 가니 보는 사람마다 눈물을 흘렸습니다. 이듬해 흥왕사의 변란이 일어났을 때 왕이 태후의 밀실에 들어가 담요를 뒤집어쓰고 숨자 공주가 방문을 막고 앉았으며, 변란이 평정되자 그제야 왕이 나올 수 있었습니다.

공주는 어렵게 임신을 하였는데 1365년(공민왕 14년) 2월 해산달이 되자 왕은 죄수를 석방하기도 하였으나, 난산으로 아이도 낳지 못한 채 숨을 거두고 말았습니다.

혜비 이씨는 이제현의 딸로 노국대장공주가 아이가 없자 대신들의 요청에 의하여 혜비로 봉해졌는데, 공민왕이 홍륜 등 자제위를 시켜 여러 비들을 강제로 욕보일 때도 혜비는 이를 거부하고 따르지 않았습니다.

공민왕이 죽은 후 머리를 깎고 비구니가 되었는데, 그녀는 『조선왕조실록』에 혜화궁주로 1408년 2월 죽은 것으로 기록되어 있습니다.

익비 한씨는 공민왕의 제3비로서 원래의 성은 왕씨였습니다. 1367년 12월 익비로 봉해지고, 이때 왕으로부터 한씨를 사성 받았습니다. 공민왕이 홍륜 등 자제위를 시켜 여러 비들을 강제로 욕보일 때 익비도 처음에는 이를 거부하였으나 왕이 칼로 위협을 하여 어쩔 수 없이 관계를 가지게 되었고, 익비는 홍륜의 아이를 임신하였습니다. 당시 내관 최만생이 익비의 임신 소식을 고하자 공민왕은 매우 기뻐하면서 홍륜을 죽이기로 하였으나, 최만생이 이를 홍륜에게 전하여 최만생과 홍륜은 공민왕을 시해하였습니다.

익비는 딸을 낳았는데, 이 딸은 1376년 12월 우왕의 명으로 살해되었습니다. 이는 익비가 낳은 아이를 아들로 알고 있었기 때문이었습니다. 대간이 익비를 국문할 것을 간청했으나, 우왕이 선왕의 잘못을 드러내는 것이라 하여 허락하지 않았습니다.

이후 익비는 1390년 공양왕으로부터 토지를 하사받았는데, 이것은 익비가 공양왕과 순비 노씨의 딸인 경화궁주를 익비의 친정에서 양육했기 때문입니다.

정비 안씨는 죽성군 안극인의 딸입니다. 1366년 간택되어 정비로 책봉되었습니다. 홍륜 등이 여러 비들을 욕보일 때도 정비는 머리를 풀어 헤치고 목을 매어 죽으려 하니 왕이 두려워 그치게 하였습니다. 우왕이 즉위한 후 정비가 젊고 아름다워 자주 처소에 들렀는데, 추한 소문이 외부에 파다했습니다. 정비는 동생 안숙로의 딸을 우왕에게 소개하여 현비로 삼게 했습니다.

이성계가 공양왕을 옹립할 때 정비가 교서를 내렸으며, 공양왕을 폐하고 1392년 이성계의 즉위 때에도 대비 자격으로 이성계에게 옥새를 넘겨주었습니다. 덕분에 그녀는 조선왕조에서도 살아남았습니다. 그녀는 『조선왕조실록』에서 의화궁주로 1428년 5월 죽은 것으로 기록되어 있습니다.

신비 염씨는 곡성부원군 염제신의 딸로서 홍륜 등이 여러 비들을 욕보일 때 이를 거절하고 따르지 않았습니다. 공민왕이 죽은 뒤, 혜비 이씨와 마찬가지로 머리를 깎고 비구니가 되었습니다.

궁인 한씨는 공민왕이 우왕의 생모라고 밝힌 여인입니다. 1374년 9월 공민왕은 한씨의 증조부, 조부, 부친과 외조부까지 관작을 추증했습니다.

공민왕이 궁인 한씨를 가까이한 것이 언제인지는 분명치 않습니다. 일설에는 공민왕이 제2차 홍건적의 침입 때 안동으로 피난했던 시기였다고 합니다. 1362년 개경을 수복하자 안동에 머물던 공민왕은 상주, 청주를 거쳐 1363년 개경으로 돌아오면서 노국대장공주를 의식해 한씨를 그녀의 고향으로 보냈고, 얼마 후 그녀가 죽었다는 것입니다.

우왕이 태어난 해가 1365년임을 감안한다면 1, 2년의 차이가 있습니다. 그러나 공민왕이 우왕을 한씨 소생이라고 공개적으로 밝혔기 때문에 우왕이 즉위한 후 1374년 11월 우왕은 한씨에게 '순정왕후'라는 시호를 추증했습니다.

폐가입진으로 공양왕이 왕위에 오르자 이성계 일파는 우왕과 창왕 지우기에 나섰고, 그 일환으로 순정왕후의 무덤인 의릉을 철거했습니다. 그들의 주장대로 우왕이 신돈과 반야의 아들이라면 순정왕후는 우왕과 아무 관련이 없음에도 순정왕후의 무덤을 파헤쳐 없앤 것입니다.

반야는 신돈의 비첩으로, 우왕의 생모라고 주장한 여인입니다. 반야가 우왕의 생모였다 하더라도 공민왕이 궁인 한씨를 우왕의 생모라 한 것은 반야가 신돈의 비첩이었기 때문일 것입니다. 반야가 우왕의 생모라 한다면 사람들이 우왕을 자신의 아들이 아니라 신돈의 아들이라고 할 수 있기 때문에 이를 염려한 공민왕이 궁인 한씨를 생모라 했을 것입니다.

우왕이 왕위에 오르고 난 후, 반야는 명덕태후를 찾아 자신이 왕의 생모임을 밝혔습니다. 이에 놀란 이인임 세력은 반야를 몰래 죽여 임진강에 수장시켰습니다.

반야가 공민왕을 언제 만났는지는 알 수가 없습니다. 공민왕이 신돈을 처음 만난 것이 1358년이고, 1364년에는 신돈을 불러들여 개혁 정책을 맡겼습니다. 우왕이 태어난 해가 1365년이니, 왕이 신돈에게 개혁의 주도권을 준 시기였을 것으로 추정됩니다.

반야는 공민왕이 어린 우왕을 궁으로 데려간 후 왕위에 오를 때까지 아무 소식이 없다가 갑자기 나타나 자신이 우왕의 생모라고 주장했는데 그 내막을 알 수 없습니다. 반야가 우왕의 생모라고 주장하였지만 그때는 이미 공민왕도 죽었고, 신돈도 죽고 없었기 때문에 우왕이 그녀의 소생이라는 증거는 없었습니다.

· 우왕

우왕은 근비 이씨를 비롯하여 영비 최씨, 의비 노씨, 숙비 최씨, 안비 강씨, 정비 신씨, 덕비 조씨, 선비 왕씨, 현비 안씨 등 9명의 부인을 두고 있었으며, 근비에게서 창왕을 얻었습니다. 그 외에 기생 출신 옹주가 3명 더 있었습니다.

어린 나이에 왕위에 올라 20대 초반에 왕위에서 물러난 것을 감안하면, 상당히 무절제한 생활을 하고 있었음을 알 수 있습니다.

근비 이씨는 이림의 딸입니다. 이림은 당시 실권을 장악하고 있던 이인임의 사촌으로, 그녀는 1379년 4월 왕비로 책봉되어 궁으로 들어와 다음 해인 1380년 창왕을 낳았습니다. 우왕의 나이는 불과 16세였습니다.

위화도회군으로 우왕이 폐위된 뒤에도 근비는 조민수가 창왕을 옹립한 덕분에 왕대비가 되었으나, 창왕이 폐위된 뒤에는 폐출되어 서인으로 전락하였습니다.

영비 최씨는 최영의 딸로, 1388년 3월 왕비에 간택되어 입궁하였습니다. 그녀가 왕비로 간택된 시기는 우왕과 최영이 요동정벌을 준비하던 때였습니다. 우왕은 최영을 졸라 마침내 영비를 맞이하게 됩니다.

최영의 딸이 영비가 되면서 우왕과 최영의 관계는 더욱 가까워졌지만, 영비는 우왕의 비가 된 지 3개월 만에 위화도회군으로 우왕이 폐위되어 강화도로 유배 갈 때 같이 갔습니다. 이후 여주, 강릉으로 유배지를 옮길 때마다 따라가 유배 생활을 함께하면서 우왕의 죽음까지 지켜봅니다.

우왕의 주검 앞에서 영비 최씨는 자신의 처지를 비관하면서 "이는 아버지 최영의 허물이다."라고 울부짖었다고 합니다.

의비 노씨는 근비 이씨의 궁녀였습니다. 우왕의 눈에 들면서 총애를 받게 되고 결국 의비에 봉해졌습니다. 우왕은 그녀의 오빠 노귀산이 과거의 중시에 떨어졌는데도 종시를 보게 하는 특혜를 주기까지 하였습니다. 그녀는 우왕이 폐위되자 폐출되었습니다.

숙비 최씨는 의비 노씨의 궁녀로 있다가 우왕의 눈에 들어 숙비로 봉해졌습니다. 위화도회군으로 우왕이 폐위되자 서인으로 전락하여 사가로 돌아갔습니다.

안비 김씨는 원래 다른 사람과 결혼하기로 되어 있었으나, 그녀의 미모가 뛰어나다는 말을 들은 우왕이 강제로 데려와 안비로 책봉했습니다. 우왕이 폐위된 후 그녀도 사가로 폐출되었습니다.

정비 신씨는 우왕이 신하의 집에 들렀다 그 딸을 보고는 며칠 뒤 왕비로 맞아들였습니다. 그녀 역시 다른 왕비들과 마찬가지로 우왕이 폐위된 후 사가로 폐출되었습니다.

덕비 조씨는 이인임의 여종과 결혼한 조영길의 딸로서 이인임이 우왕에게 소개하여 왕비가 되었습니다. 덕분에 조영길은 면천하여 관직에 오를 수 있었습니다. 덕비 조씨 역시 우왕이 폐위될 때 폐출되었습니다.

선비 왕씨는 원래 변안열의 아들과 결혼하기로 되어 있었으나 우왕이 결혼을 중지시키고 입궁하라고 명을 내렸습니다. 아버지 왕흥이 집을 비우고 도피하면서까지 이를 거부하였으나 결국 위협을 이기지 못해 딸을 내주고 말았습니다. 이 혼인으로 우왕이 폐위된 후에 왕흥은 유배되었으며, 선비 왕씨 역시 사가로 폐출되었습니다.

현비 안씨는 공민왕의 정비 안씨의 동생 안숙로의 딸입니다. 우왕이 정비의 숙소에 자주 드나들자 정비 안씨는 우왕의 마음을 가라앉히기 위해 자신의 조카를 우왕에게 소개하였던 것입니다. 정비 안씨 덕분에 우왕이 폐위된 뒤에도 사가로 폐출되지 않았습니다.

이 밖에도 기생 출신으로 화순옹주, 명순옹주, 영선옹주 등 3명이 있었는데, 이들 중 '연쌍비'라 불리었던 명순옹주만 우왕을 따라 유배지로 갔으며, 나머지 두 명은 폐출되었습니다.

· 공양왕

공양왕에게는 순비 노씨만 있었으며, 공양왕이 정창군으로 있을 때 시집와 1389년 11월 공양왕이 왕위에 오르자 순비에 책봉되었습니다.

이성계 일파에게 공양왕이 폐위되자 공양왕과 함께 원주로 유배되었고 그 후 공양왕이 고성, 삼척 등으로 이배될 때 그녀도 유배지를 옮겼으며, 1394년 공양왕이 처형될 때 함께 처형되었습니다.

제 2 편
조선왕조의 정치사상과 실체

1

조선의 통치이념 '성리학'

조선왕조를 개창한 사대부세력은 성리학을 익힌 향리 출신으로 과거 시험을 통해 중앙으로 진출하면서 성장한 세력입니다. 그들은 고려왕조에서 불교의 폐단을 지적하고 성리학의 정명적(正命的) 명분의식에 기초하여 제도를 개혁할 것을 주장하면서 배원친명의 외교정책을 추구하였는데, 여기서 성리학의 춘추대의적 의리관과 화이관을 엿볼 수 있습니다.

'춘추대의(春秋大義)'는 『춘추』에서 공자가 내린 엄중한 대의명분이라는 뜻입니다. 『춘추(春秋)』는 노나라 사관이 저작한 역사서를 공자가 주례(周禮)와 정명(正明)의 잣대로 다시 편찬한 역사책입니다. 공자의 도덕관점을 적용한 역사적 평가가 담겨 있습니다.

'화이관(華夷觀)'은 고대 중국인의 중화사상에서 출발한 것으로, 중국 중심의 세계관입니다. 그들은 자신들의 문화적 우월감에 입각하여 한족(漢族)이 살던 지역을 '내(內)', 그 종족 및 문화를 '화(華)'로 구분하였고, 주변 민족이 살던 지역을 '외(外)', 그 종족 및 문화를 '이(夷)'로 구분하였습니다.

처음에 문화적 우월의식에서 출발하여 점차 종족적 · 지리적 관념이 결합된 형태로 전개되던 화(華)의 기준이 유교문화의 수용과 발달 여부로 정해져 버렸습니다. 즉, 유교문화의 우열에 따라 중국 주변의 국가가 중국에 조공하고 책봉 받는 이른바 사대조공(事大朝貢)체계가 확립된 것입니다.

성리학을 수용한 사대부들이 가졌던 세계관은 이러한 성리학에 의해 체계화된 춘추대의적 의리관과 화이관의 영향을 받아 명분을 중시하고 중국에 대한 사대를 당연하다고 여겼습니다.

성리학은 12세기 남송의 주희(朱熹)가 집대성한 유교의 학파로 '성명의리지학(性命義理之學)'의 준말입니다. 주희의 이름을 따서 '주자학(朱子學)'이라고도 하고, 송나라 시대의 유학이라는 뜻에서 '송학(宋學)'이라고도 하며, 송나라 이전 유학의 가르침을 집대성한 새로운 기풍의 유학이라는 의미에서 '신유학'이라고도 합니다. 정호(程顥)와 정이(程頤)에서 주희로 이어지는 학통이라는 뜻에서 '정주학(程朱學)'으로도 불렀습니다. '이학(理學)' 또는 '도학(道學)'이라고도 합니다.

성리학은 공자와 맹자를 도통(道統)으로 삼고서 도교와 불교가 실질이 없는 공허한 가르침이라 하여 이단으로 배척하였습니다. 한편 같은 신유학임에도 주희의 성리학이 이(理)를 강조하였기 때문에 '이학'이라 부르고, 육구연 · 왕수인의 학문은 상대적으로 마음[心]을 강조하였기 때문에 '심학'이라고 부릅니다.

춘추전국시대를 마감한 통일국가 진 · 한시대의 유학은 훈고학에 치중하고 실천 윤리적인 성격이 강한 반면 형이상학적인 측면은 약하였습니다. 그 결과 남북조 시대 이후에는 불교와 도교가 융성하면서 유학은 점차 그 세력이 약해졌습니다.

인도에서 발생한 불교는 한나라 말기의 혼란한 시기에 중국에 유입되어 남북조시대의 혼란을 지나 수(隨) · 당(唐)의 통일 과정을 거치며 중국에 뿌리를 내리게 되었습니다. 이 시기의 불교는 국가 차원의 지원을 받기 시작하였으며, 호국불교(護國佛敎)로서 민족의 결속과 통일의 구심점으로 정치적 역할을 충실히 수행하였습니다.

그러나 당나라 말기에 이르러 불교는 지방호족 중심의 봉건적 구조와 결합하고 일부 타락한 승려들이 사치와 향락에 빠져 여러 폐단을 일으키자 점차 불교를 극복해야 한다는 사회적 분위기가 생기게 되었고, 이때부터 유교를 재해석하려는 움직임이 일어나기 시작했습니다.

한편 남북조의 혼란이 지속되면서 염세주의가 광범위하게 퍼져 나가자 현실 도피적 경향이 나타났습니다. 이에 따라 유교에서 강조되던 충성과 효도의 윤리가 퇴색하고 말았습니다. 대신 노장사상이 번창하였으며, 민간에서도 도교가 신앙화 되면서 삶에 깊이 뿌리를 내렸습니다. 우리가 잘 알고 있는 『서유기』는 당나라의 승려 현장이 천축으로 가 불경을 구해 온다는 이야기지만, 그 안에 도가의 중요한 사상을 내포하고 있어 불교와 도교가 번창했음을 보여 주고 있습니다.

송대의 유학자들이 보기에 불교와 도교는 사회제도를 부정하는 위험한 반사회적 사상이었고, 비윤리적 사상이었습니다. 이에 따라 송대의 성리학은 불교와 도교의 폐단을 극복하는 데서 출발하였습니다.

성리학은 마음[心]의 극단으로 치닫는 불교와 기(氣)의 극단으로 치닫는 도교를 비판하면서 마음 · 기 · 이의 통합구도를 제시하였습니다.

또 성리학은 주로 사회적 인간관계와 개인의 수양이라는 두 측면에서 그 사상을 심화시켰습니다. 주례(周禮)를 중시하고, 사회윤리인 예(禮)를 강조함과 동시에 우주 본체, 인간 심성과 같은 형이상학적 탐구를 심화시킴으로써 도교나 불교를 형이하학적으로 비판할 수 있는 근거를 마련한 것입니다.

송나라에서 성리학이 성립한 이유로 정치군사적 패배를 극복해 보려는 일종의 자기반성이 계기가 되었다는 주장이 있습니다. 당시 송나라는 북방의 이적(夷狄), 즉 요(遼)와 금(金)과의 싸움에서 2명의 황제가 잡혀가는 등 완벽한 패배를 당하고 남쪽으로 이동하여 겨우 명맥을 이어 가고 있었지만 자존심마저 지키기 어려운 수모를 당하지 않을 수 없었습니다. 이러한 상황에서 자신들이 북방의 오랑캐와 다르다는 차별성을 보여 줌으로써 군사적 패배를 정신적으로 극복해 보려는 중화주의의 표현이라는 것입니다.

여기서 성리학이 춘추대의적 의리관과 화이관을 끌어와 중국 중심의 세계관을 강조한 이유를 엿볼 수 있습니다.

성리학의 특징은 공자 · 맹자의 원시유학을 형이상학적으로 정당화하는 데서 찾을 수 있습니다. 성리학은 가족을 중심으로 하는 혈연공동체와 국가를 중심으로 하는 사회공동체의 윤리규범을 제시함으로써 사회 중심사상으로 발전하였습니다. 특히 『대학(大學)』에 나오는 팔

조목인 격물(格物), 치지(致知), 성의(誠意), 정심(正心), 수신(修身), 제가(齊家), 치국(治國), 평천하(平天下)를 개인의 수양과 국가의 통치를 위한 행위규범으로 삼았습니다. 주희는『대학』,『논어』,『맹자』,『중용』의 사서를 경전화시켜 그 지위를 격상시켰습니다. 사서의 정립을 통하여 공자 · 증자 · 자사 · 맹자라는 유학 도통의 계보를 확립하였습니다.

성리학이 우리나라에 들어온 시기를 단정적으로 말하기는 어렵지만 고려시대 안향(安珦)이『주자전서(朱子全書)』를 들여와 연구한 데서 비롯되었다고 보며, 백이정(白頤正)이 성리학 관계 서적을 대량으로 들여와 연구함으로써 본격적으로 성리학이 도입되었습니다.

뒤이어 이제현, 이색, 이숭인, 정몽주, 길재 및 정도전, 권근 등 향리 출신의 신진사대부들이 조정에 출사하면서 성리학이 정치 · 사상적 토대가 되는 계기를 마련하였습니다.

성리학은 조선왕조에 들어와 본격적으로 발달하였습니다. 성리학이 왕조 교체를 합리화하는 명분을 제공하면서, 성리학으로 국가의 통치이념을 설정하고 왕도정치에 입각한 조선왕조의 기틀을 확립함에 따라 성리학은 관학으로 자리 잡았습니다.

조선왕조의 국정 기본 정책은 사대주의, 숭유억불, 농본주의였습니다. 사대주의는 중국 중심의 세계관이며, 불교를 배척한 것은 성리학의 성립과 깊은 연관이 있습니다. 또 농본주의는 맹자의 민본사상에서 유래합니다. 모두 성리학의 이념과 일치하는 것입니다.

조선의 사대주의는 중국을 종주국으로 인정하고 조선은 제후국으로서 종주국에 대하여 사대의 예를 다하는 중국식 세계 질서를 받아들인 것입니다. 사대주의는 자율적이지 못하고 자기 나라보다 크고 강한 나라나 세력에 복종하거나 맹목적으로 받아들이려는 사상을 의미합니다. 상당히 부정적인 의미입니다.

그러나 국제관계에서 약한 나라는 강한 나라의 눈치를 볼 수밖에 없습니다. 이것은 세계의 어느 곳이든 국가가 등장한 이래 만고불변의 진리입니다. 동아시아 지역에서 중국은 패권국가로서 군림해 왔으며, 문화적으로도 앞서 있었기 때문에 중국과 교류하는 것이 우리에게 이득이 된다는 것을 부인할 수 없습니다.

이에 따라 우리나라는 예로부터 중국에 사대 외교정책을 추구해 왔습니다. 문제는 사대의 예가 지나쳤다는 데 있습니다. 고려왕조 이전까지는 중국에 대하여 형식적으로는 사대의 예를 취했지만, 실질적으로는 독자적인 외교정책을 추구하였습니다. 우리나라가 이 같은 외교정책을 더 이상 추구할 수 없었던 것은 고려가 원나라에 복속된 이후부터였습니다.

조선왕조는 제후국으로 만족했습니다. 현실적인 외교정책을 추구했던 것입니다. 그러나 성리학을 통치이념으로 받아들인 조선왕조는 너무나 깊숙이 화이관에 빠졌습니다. 조선은 시대의 변화에도 불구하고 그 흐름을 따르지 않고 오히려 거슬렀습니다. 중국이 명나라에서 청나라로 교체되었음에도 조선왕조는 청나라를 정통으로 인정하지 않았습니다. 청나라는 여전히 오랑캐의 나라였던 것입니다. 그리고 조선이 곧 명나라의 정신을 계승했다는 소중화의식이 자리를 잡았습니다. 조선의 소중화사상은 조선의 멸망을 가속시키는 요인으로 작용하였습니다.

성리학이 불교와 도교의 폐단을 극복하는 데서 출발했으니 성리학을 통치이념으로 받아들인 조선에서 불교를 억제한 것은 어쩌면 당연한지도 모르겠습니다. 각급 교육기관에서는 성리학을 가르치고, 과거시험에서 성리학의 비중이 커지면서 성리학은 급속도로 확산되었습니다. 반면 불교를 믿는 것은 억제되었고, 이성계가 왕위에 오른 1392년 9월에는 도첩제를 실시하여 마음대로 중이 되지 못하게 하였습니다. 불교 억제정책이 본격적으로 시행된 것입니다.

우리나라에 불교가 처음 들어온 것은 372년 고구려 소수림왕 때로 진나라의 순도와 아도가 불경과 불상을 가져와 초문사, 아불란사를 창설하여 설법을 시작하였습니다.

백제는 384년에 인도의 승려 마라난타가 입국하여 전파하였으며, 신라는 527년 법흥왕 때 이차돈의 순교로 인해 정식 인정되었습니다. 이후 신라에서는 호국불교로 자리를 잡아 많은 고승을 배출하였습니다. 그러나 신라 말에는 여러 학파와 종파가 벌어져서 서로 대립하여 5교 9산으로 나누어졌습니다.

고려를 건국한 왕건은 신라의 불교를 이어받아 불교를 국교로 삼았으며, 고려시대에는 팔만대장경을 간행하는 등 불교문화를 꽃피웠습니다. 고려 중엽 왕족인 의천 대각국사는 선과 교를 융합할 것을 주장하며 천태종을 세웠으나 완전한 통합을 이루지 못하였습니다. 불교의 통합은 보조국사 지눌의 정혜쌍수를 통해 조계종으로 통합되었습니다.

고려에서는 사찰 건립이나 불교행사에 많은 인력과 재원이 동원되었습니다. 또 승려가 되면 호의호식할 수 있었기 때문에 병역과 민역을 피하려는 자나 가난에 쫓기는 자들로 중이 되려는 자들이 넘쳐났습니다. 이러한 폐단은 성리학을 익힌 사대부들에게 불교를 배척하는 명분을 제공해 주었습니다.

공민왕 때 개혁정치를 펼친 신돈은 권문세족을 견제하려고 이색, 정몽주, 정도전 등 신진사대부들을 적극 후원하였습니다. 그러나 이들 사대부들이 불교를 배척하는 데 앞장섰으니, 역사의 아이러니가 아닐 수 없습니다. 신진사대부들의 불교 비판으로 불교의 철학체계가 무너진 것은 아니었지만 불교는 대항할 힘을 잃었고, 승려들은 순수한 종교 생활로 돌아가는 계기가 되었습니다.

숭유억불정책으로 불교가 억제되었지만 왕실을 포함한 백성들은 여전히 불교를 믿었습니다. 불교는 이미 오랫동안 흘러 내려온 정신문화의 전통이기 때문에 그 명맥은 끊어지지 않고 살아 있었던 것입니다.

조선왕조는 국가 재정 확충과 백성들의 생활 안정을 위해 농본주의 경제정책을 내세웠습니다. 농경지를 확대하고 농업생산력을 증가시키며, 농민의 조세 부담을 줄여 농민 생활을 안정시키고자 하였습니다.

토지개간을 장려하고 양전사업을 실시한 결과, 고려 말 50여만 결이었던 경지면적이 15세기 중엽에는 160여만 결로 증가하였습니다. 또 농업생산력을 높이기 위하여 새로운 농업기술과 농기구를 개발하여 보급하였습니다. 그리하여 조선 초기에는 계속해서 농사를 지을 수 있게 되어 휴경지가 사라졌습니다. 그리고 고려 말 문익점이 들여온 목화가 재배되어 의생활도 개선되었습니다.

그러나 농민들은 고리대, 세금 부담 등으로 자기 토지를 팔고 소작

농이 되는 경우가 많아졌으며, 지주에게 소작료로 수확의 반 이상을 내야 하는 처지가 되기도 했습니다. 농민이 토지를 잃고 고향을 떠나 정처 없이 떠돌게 되자 조정에서는 농민을 통제하기 위해 호패법, 오가작통법 등을 시행했습니다.

반면 양반은 과전, 녹봉, 그리고 자신 소유의 토지와 노비를 경제적 기반으로 하여 풍요로운 생활을 할 수 있었습니다. 양반관료와 지주층의 토지 소유는 확대되어 갔으며, 인구가 증가하기 시작한 15세기에 시비법과 제초법 등 새로운 농법이 개발되고 수리시설이 발달함에 따라 간척지 개발이 활발하게 이루어졌습니다.

무엇보다 간척에 성공하면 간척지에 대한 소유권을 인정해 주었기 때문에 권문세족들은 앞다투어 간척지 개발에 나섰습니다. 왕실과 중앙관료는 물론 향촌에 거주하는 양반들도 개간과 매입 등을 통해 토지 소유를 확대해 나갔습니다.

고려 말 토지개혁을 통해 시행된 과전은 관리가 죽으면 국가에 반환하여야 했습니다. 그러나 과전이 가족들의 생계를 위해 수신전, 휼양전 등의 명목으로 사실상 세습되자, 새로 관직에 나가는 관리에게 줄 과전이 부족했습니다. 그래서 세조 때에는 퇴직 관료에게 주던 과전을 없애고 현직 관료에게만 과전을 지급하는 직전법을 시행하였습니다.

또 관리는 국가로부터 수조권을 받아 스스로 그해의 생산량을 조사하여 세금으로 10분의 1만 거두어야 하는데 이를 어기고 과다하게 세금을 거두는 일이 많아지자, 성종은 지방관청에서 그해의 생산량을 조사하여 세금을 거두고 이를 관리에게 주는 관수관급제를 실시했습니다.

그리고 명종 때부터는 직전법을 중단하고 관리에게 녹봉만을 지급하였습니다.

농업과는 달리 상공업에 대해서는 많은 규제를 가했습니다. 이것은 당시 사대부들이 물화의 수량과 종류를 국가에서 통제하지 않고 자유롭게 허용할 경우, 사치와 낭비가 조장되어 농업이 피폐해져 빈부의 격차가 커질 것이라고 생각하였기 때문입니다.

검소한 생활을 강조하는 유교적 경제관으로 소비는 억제되었고, 도로와 교통수단도 미비하였습니다. 자급자족적인 농업 중심의 경제로 인하여 화폐 유통이나 상공업 활동, 무역 등이 부진하였습니다.

성리학이 왕조 교체를 합리화하는 명분을 제공하면서 성리학은 관학으로 자리 잡았습니다. 그러나 정몽주, 길재, 이숭인 등의 학풍을 이어받은 사림파가 등장하면서 공리나 실용보다는 의리와 명분을 중요시하게 되었습니다.

이들은 왕조개창과 세조의 찬탈을 유교적 윤리와 의리에 어긋난다고 비판했으며, 도학정치의 이념을 앞세워 군주의 도덕성과 언론의 자유를 강조하였습니다. 또 서원, 향약 등 향촌사회에 세력 기반을 가지고 교육과 향촌 건설에 주력하였습니다. 사림파는 경서를 연구하고 수양을 게을리하지 않는 학풍을 내세우며 성리학 이외의 학문이나 사상은 모두 이단으로 배척했습니다.

성리학의 이론적 탐구가 심화된 것은 16세기부터입니다. 인간의 이성을 강조하여 정신적인 면과 도덕적인 면을 중시하는 주리설(主理說)

은 영남지방에서 발전하여 '영남학파라'고도 하며 이언적, 이황, 류성룡, 김성일로 이어졌습니다. 인간의 감성을 중시하고 현실 문제에 관심을 가지는 주기설(主氣說)은 기호지방에서 발전하여 '기호학파'라고도 하며 서경덕, 김인후, 기대승, 성혼, 이이에 이르러 완성되었고, 김장생 등에게 이어졌습니다.

15세기 말부터 왕양명의 심학이 전해지기 시작하였지만 이황을 비롯한 이학을 중시하는 학자들의 강한 배척 때문에 제대로 수용할 수 없었습니다. 같은 시기 일본에서 심학이 주류였던 것과는 대조적입니다.

중국에서는 학문에 불과한 성리학이 왜 조선에서는 나라를 망친 주범으로 지목되게 되었을까요? 무엇보다 다양성의 부족을 들 수 있겠습니다.

같은 유학이라도 주희 계통의 성리학이 절대 우위를 차지한 가운데 조금이라도 주희의 이론과 다르면 사문난적(斯文亂賊)으로 몰아 배척하는 등 교조주의적 색채를 띠는 바람에, 자유로운 학문 연구가 이루어지지 않았습니다.

고려시대까지만 해도 불교와 유교는 물론 도교 및 우리 민족 전래의 습속들까지 모두를 포용하여 다양한 문화와 사유가 공존하였습니다. 그러나 조선사회는 성리학 하나의 잣대로 모든 것을 바라보았으니 발전이 있을 수 없었습니다. 스스로 고립되고 무너져 내린 것입니다.

조선 중기에 이(理)와 기(氣)에 대한 담론이 활발해져 주리설과 주기설 등 다양한 학설이 나왔지만, 이는 현실과는 동떨어진 그들만의 공허한 논쟁으로써 붕당정치의 폐해만 가중시켰습니다. 특히 명분론적 사고가 두드러진 주리설은 주어진 현실은 외면한 채 이상적인 도덕정치만 강조하고, 기존의 규범과 가치를 고수하려는 보수성이 강하여 사회 변혁에 부정적이었습니다.

결국 그들은 백성들의 고통은 외면한 채 자신들만의 세계에 안주하면서 중화사상과 사대주의에 매몰되어 시대의 흐름을 읽지 못하고 고립을 자초하여 나라를 망국의 구렁텅이로 끌고 들어간 것입니다.

유학의 폐단에 대해 중국의 고사를 하나 들어 보겠습니다.

한나라 효원황제가 태자였을 때 유학자를 채용하라고 선제에게 아뢰자, 효선황제는 낯빛을 바꾸고 말했습니다.

"우리 한실(漢室)에는 한실로서의 제도가 있다. 원래 패도와 왕도를 조화시켜서 쓰고 있는 것이다. 어떻게 덕교(德敎)만을 주장하는 유학자에게 정치를 맡겨서 주나라 시대의 도덕정치만을 쓴단 말이냐? 게다가 속유(俗儒)는 지금 시대에 눈이 어두워서 옛날 정치만 모두 옳다고 하고, 지금의 정치는 모두 그르다고 하여 인의(仁義)의 명(名)과 실(實)로써 사람들의 마음을 현혹시키고 어느 쪽을 좇을 것인가를 가르쳐 주지 않는다. 그와 같은 속유에게 어떻게 국정을 맡길 수 있단 말이냐?"

선제는 장차 한조를 어지럽히는 자는 태자일 것이라고 한탄하였다.

선제의 예상대로 원제는 유교에 심취해 현실과 동떨어진 이상론에 근거하는 정책을 실시하여 국정을 혼란시켜 왕망의 왕위 찬탈 요인을 만들었습니다.

2

신하들을 위한 통치체제 '왕도정치'

조선의 정치제도는 고려 왕조의 문무 양반체제를 그대로 이어받아 일부 개편한 것으로, 구조와 기능 면에서 당대의 정치적 상황을 고려하여 왕권과 신권의 배분이 이루어진 것입니다.

조선의 관제는 크게 문반과 무반으로 나눌 수 있으며, 문반이 큰 비중을 차지하였습니다. 특히 육조 위에 의정부를 두어 사실상 재상들이 국정을 운영하도록 하였습니다. 이는 조선 중기 왜란과 호란을 겪은 후 비변사가 의정부를 대신하기 전까지 유지되었습니다. 정도전의 재상론이 통치기구에 반영된 것이었습니다.

조선왕조는 유교의 덕치주의(德治主義)와 민본사상(民本思想)을 바탕으로 맹자가 주장한 왕도정치(王道政治)를 구현하려 하였습니다.

덕치주의는 힘이나 강제에 의한 통치보다는 덕에 의한 자발적 감화를 중시한 것으로 공자에 의해 주창되었으며, 맹자에 의해 인정(仁政)으로 이어져 왕도정치 사상의 핵심적 정신으로 계승되었습니다.

'민본'이라는 말은 『서경(書經)』의 「민유방본(民惟邦本)」에서 나온 것으로 "백성은 가까이 친애할 것이나 하대해서는 안 된다. 백성은 나라의 근본이니 근본이 견고하면 나라가 안녕하다."는 것입니다. "백성이 귀하고, 사직은 그다음이고, 군주는 하찮다."고 한 맹자의 민본사상은 역성혁명의 방벌과 연계됩니다. 예로부터 우리는 "민심이 곧 천심이다."라는 말을 많이 들어 왔는데, 이것이 바로 민본사상으로서 유교 정치사상의 핵심이며 본질이 됩니다.

왕도(王道)는 『서경』에서 "치우침이 없고 공정하면 왕도가 광대하고, 공정하고 치우침이 없으면 왕도가 평이하며, 뒤집힘이 없고 기욺이 없으면 왕도가 정직하다."라고 한 말에서 나왔습니다. 왕도란 곧 공평무사한 중용(中庸)의 정치를 의미합니다.

왕도정치(王道政治)란 왕의 덕에 바탕 한 어진 정치(仁政)를 말합니다. 맹자는 왕도정치의 조건으로 왕의 도덕적인 마음, 민생의 보장을 통한 경제적 안정, 현명한 관리의 등용, 적절한 세금의 부과와 도덕적 교화 등을 제시하였습니다.

맹자는 백성에 대한 가혹한 수취를 통한 부국강병으로 통일된 천하의 승자가 되기를 추구하는 것이 일반적이었던 전국시대 당시 그것에 반대하고, 왕도정치를 통해 백성의 마음을 얻는 것이야말로 통일된 승자에 이르는 가장 확실한 방법이라고 강조했습니다.

맹자는 왕도정치를 무력을 사용하면서 인(仁)을 실천하는 것처럼 가장하는 패도정치(覇道政治)와 대비시키며 춘추시대 패도정치를 시행한 춘추오패(春秋五覇)를 증오했습니다. 그러나, 상앙을 통해 진(秦)

나라를 일약 전국시대 최강대국으로 끌어올린 효공처럼 패도정치에 대한 관심은 당시 제후들의 꿈이자 이상이었습니다. 그리고 나중에 시황제(始皇帝)가 된 진(秦)의 영정(嬴政)은 한비자를 등용함으로써 전국을 통일할 수 있었습니다.

맹자는 천하를 돌며 인의(仁義)에 의한 왕도정치를 역설했지만, 제후들에게는 현실을 모르는 이상주의자의 말로밖에는 들리지 않았습니다. 침략과 정복전쟁의 소용돌이 속에 살고 있던 당시의 제후국들은 인의와 덕이든 힘과 무력이든 자신의 나라와 백성들을 지켜 줄 수 있다면 아무 상관없었던 것입니다.

왕도정치를 펼치려면 세상의 모든 나라가 패도를 버리고 도덕정치로 나라를 다스려야 하는데, 당시는 먹고 먹히는 숨 가쁜 상황이었습니다. 법보다 주먹이 가까운 세상이었습니다. 맹자도 자신의 왕도정치가 현실에서 구현될 수 없다는 점을 느끼고 오랜 유세 생활을 접었습니다.

상앙은 "어진 사람은 모든 사람들을 어질게 대할 수 있으나 모든 사람들을 어질게 만들지는 못하고, 의로운 사람을 사랑으로 대할 수 있으나 다른 사람들이 사랑하도록 만들지는 못한다."고 하여 인의만으로는 나라를 다스릴 수 없다고 하였습니다. 그는 왕도정치의 허상을 꿰뚫어 본 것이었습니다. 한비자도 "나라를 보존하고 다스리는 데 아무런 도움이 되지 않는 것이 바로 인의다."라고 했습니다.

조선왕조 통치이념을 정립한 정도전은 "백성은 국가의 근본인 동시에 왕의 하늘"이라 하여 맹자의 민본사상을 받아들였고, "군주가 백성들에게 부당한 통치행위를 하면, 천명이 옮겨 가서 새로운 군주가 나온다."고 하여 맹자의 혁명론을 지지하였습니다.

민본주의와 혁명론은 왕조 교체를 합리화하는 명분으로 안성맞춤이었습니다. 사실상 공양왕을 내쫓고 왕위를 찬탈하였음에도 이를 평화로운 역성혁명이라고 주장하였습니다. 고려왕조가 멸망한 것은 고려의 왕들이 하늘의 뜻을 어기고 백성들에게 부당한 통치를 하였기 때문이며 이성계가 새로이 천명을 받아 조선왕조를 개창하였다고 주장한 것입니다.

정도전은 왕도정치를 새 왕조의 통치체제로 삼았습니다. 군주가 덕에 바탕을 두고 어진 정치를 펼치겠다는 왕도정치는 새 왕조를 조속히 안정시키고, 흩어진 민심을 수습하기에 알맞은 통치체제였습니다. 인의를 바탕으로 조정신료들에게는 임금은 임금답게 신하는 신하답게[君君 臣臣] 각자 자신의 역할에 충실하도록 하고, 백성들에게는 안정된 생업을 보장해 줌으로써 경제적 안정을 통한 민생의 확립을 꾀하겠다는 것입니다.

왕도정치를 수용한 또 다른 이유는 새 왕조 개창에 공헌한 공신집단에 대한 배려였습니다.

조선왕조는 이성계 혼자의 힘으로 세운 게 아닙니다. 사대부세력이 없었다면 불가능한 일이었습니다. 새 왕조가 개창된 이상 이들 공신집단에 대한 적절한 보상이 필요했으며, 그 보상은 국정 운영의 권력을 왕과 신하가 적절히 나눠 갖는 것이었습니다.

정도전은 『경제문감』과 『경제문감별집』에서 군주보다 신하의 역할을 강조하였고, 특히 신하들 중에서도 최고위직을 맡고 있는 재상을 중요시하였습니다. 왕은 국가의 원수로서 상징적인 존재에 머문다는 것이 정도전의 견해입니다. 왕의 가장 큰 임무는 올바른 사람을 골라 재상으로 앉혀 나라의 통치를 맡기는 것이라고 보았습니다.

재상은 물론 중대사를 처리할 때 왕과 협의해야 하지만, 대개는 최고의 정책결정권자, 또는 정책집행자로서 강력한 권한과 지위를 가집니다. 그러므로 재상은 뛰어난 자질과 능력을 갖춘 사람이 아니면 결코 임용될 수 없는 것입니다. 그러나 신하를 임명하는 것은 왕이며, 아무리 권한이 강한 신하라 할지라도 신하에게는 최종적인 결정권이 없다고 하였습니다. 이러한 재상론은 정도전을 왕권을 견제하고 신권을 확립하려는 인물로 만들었습니다.

조선왕조가 개창될 때는 중국의 전국시대와 같은 상시 전쟁의 상태가 아니었습니다. 대륙에는 명나라가 버티고 있었고, 만주의 여진이나 거란, 남쪽의 왜도 당장 위협이 되지 않았습니다. 그러나 조선은 지정학적으로 여진과 왜로부터 언제라도 공격받을 수 있었습니다.

고려를 건국한 왕건은 나라의 안녕을 지키기 위하여 『훈요십조』에서 거란을 배격하고 서경을 중시하도록 하였습니다. 국가를 보호하고 백성들의 안녕을 위한 대비를 강조하였던 것입니다.

중국에서 명나라가 버티고 있는 한 동아시아에서 전쟁이 없다고 판단했는지 모르겠지만, 정도전은 맹자의 왕도정치를 받아들였습니다. 그러나 1,500년 전 맹자가 말한 바와 같이 현실에서 왕도정치가 완벽하게 구현될 수 없다는 것을 정도전이 모를 리 없습니다. 단지 권력을 왕한 사람에게 넘겨줄 수 없었기 때문에 제왕 중심의 패도정치를 배격하고 왕도정치를 표방하여 왕권과 신권의 조화를 꾀한 것이었습니다.

정도전은 왕도정치의 보완책을 마련하였습니다. 정도전은 주례(周禮)에서 재상 중심의 권력체계와 한(漢)·당(唐)의 제도에서 부병제, 군현제 등의 장점을 받아들였습니다. 명나라로부터는 대명률(大明律)을 받아들였습니다. 이들을 종합하여 편찬한 것이 『조선경국전』입니다. 『조선경국전』은 조선의 정치, 경제, 사회, 문화 등 국가의 기본 방향을 설정한 법전입니다.

조선왕조의 통치체제는 대부분 정도전의 구상대로 되었습니다. 비록 그가 왕자의 난으로 죽음을 당했지만, 그가 죽은 후에도 조선왕조는 정도전의 구상을 기본으로 국정이 운영되었습니다.

정도전에 의해 구상된 왕도정치는 왕조 개창 초기에는 왕권과 신권이 충돌하였지만 점차 안정되어 갔습니다. 세종 때에는 왕권과 신권이 조화를 이루어 정치 안정이 이루어지고 민생도 평안해짐으로써 각 분야별로 획기적인 발전을 이루었습니다.

그러나 신하의 역할을 강조한 왕도정치는 조선왕조 내내 왕권과 신권의 갈등을 가져와 정국 불안의 요인으로 작용하였습니다.

조선 중기 정몽주의 학풍을 이어받은 사림세력이 조정에 나오면서 왕도정치는 변환기를 맞게 됩니다.

중종에 의해 조정에 나온 조광조는 도학정치를 주장하였습니다. 조광조는 무엇보다 왕의 마음이 바르지 않으면 바람직한 정치가 이루어질 수 없다고 보고 왕이 수양에 힘써야 한다는 점을 역설하였습니다.

또 인심을 바르게 하기 위해 본격적인 교화사업을 벌이지 않으면 안 된다는 취지에서 향약(鄕約)을 주장하였습니다.

도학정치는 맹자의 왕도정치에서 출발합니다. 조광조가 주장한 도학정치는 다음의 네 가지로 분류할 수 있습니다.

먼저 성군론입니다. 조광조는 왕은 항상 스스로를 수양하며 선을 널리 행하여야 한다는 점을 강조하면서 왕의 마음을 밝히고 다스리는 일은 군자와 소인을 분별할 수 있는 안목을 기르는 일이라 하였습니다. 인재 등용을 강조했던 조광조는 현량과라는 과거제도를 주장하기도 하였습니다.

두 번째는 재상론입니다. 조광조는 왕과 신하의 역할을 구분하여 왕은 하늘의 뜻을 관철하여 올바른 도에 머물러 있으면 된다고 하였습니다. 나머지 세부적인 정사는 신하의 몫이라고 하였습니다. 정도전의 재상론과 같은 생각입니다.

세 번째는 이단 배척입니다. 조광조는 도학이념의 완전한 실현을 위해 소격서 혁파를 주장하는 등 유학이 아닌 다른 종교를 배척하고 억제하고자 하였습니다. 이는 이후 성리학이 교조주의로 빠져 시대의 흐름을 거스르고 조선이 고립화되는 원인이 되었습니다.

마지막으로 언론관입니다. 조광조는 도학정치가 올바르게 실현되기 위해서는 상하 간의 자유로운 의사소통이 보장되어야 한다고 보았습니다. 조광조는 상소의 자유를 특히 강조하였습니다.

조광조보다 약 반세기 뒤에 활약한 이황과 이이도 왕도정치의 필요성을 역설하면서 그 방법으로 도학정치를 제시하였습니다. 이황의 『성학십도』나 이이의 『성학집요』가 왕이 도덕적 수양을 위한 터전 확립을 위한 것이었다면, 이황의 『무진육조소』나 이이의 『만언봉사』·『동호문답』 등은 왕도정치 실현의 구체적인 방법을 제시한 것이었습니다.

특히 이이는 왕을 철인(哲人)으로 인도하여 그 절대적 권력을 이성의 힘으로 제한해야 한다고 생각하였습니다. 왕뿐만 아니라 그를 보좌하는 신료들도 스스로 현인이 되어야 정치가 인과 의를 중심으로 펼쳐진다는 것이었습니다. 그는 또 도학정치의 구현을 위해서는 열린 언로를 통해 신민의 의견과 방책이 수립되어야 한다고 주장했습니다. 한마디로 이 땅을 인의에 의해 다스려지는 도덕적 이상국가로 만들겠다는 것이었습니다.

이렇게 도학정치에 의한 이상국가를 꿈꾸던 이이는 십만양병설을 주장했습니다. 이이 스스로 도학정치가 이 땅에 실현되기 어렵다는 점을 깨달은 것일까요? 아니면 진정으로 평화를 원한다면 전쟁을 준비해야 한다고 본 것일까요?

그런데 조선의 통치체제를 구축하는 데 이성계의 목소리가 없습니다. 왕조 개창기 이성계의 위상을 말해 주는 것입니다. 이성계의 성격 탓도 있었겠지만 정국은 신하들의 구상대로 흘러갔습니다.

정도전은 신하들의 권한, 특히 재상의 권한을 늘렸습니다. 이에 따라 조선왕조는 왕권과 신권의 갈등이 일상화되었습니다.

사림세력에 의해 주장된 도학정치는 초기의 왕도정치보다 한층 더 왕의 도덕적 수양을 강조하고 신하의 역할을 강조하였습니다.

조광조의 의리정신과 개혁의식은 도학적 이념에 기초한 요순의 이

상정치를 그 시대에 구현하고자 하는 것이었습니다. 조선 사대부들 대부분이 그렇듯이 조광조 역시 현실을 무시하고 높은 도덕성만을 강조한 것입니다.

조선에서 임금의 마음을 바로잡는 것은 신하들의 가장 중요한 역할 중의 하나였습니다. 왕은 성인이 되어야 하는 것이었습니다.

왕이 수양을 게을리하면 대간들이 끊임없이 이의 실행을 요구하였습니다. 언로를 보장하였으니 왕은 싫어도 이들을 물리칠 수 없었던 것입니다.

마침내 이들은 신하가 임금을 가르치는 것을 당연하다고 보았습니다. 신하가 왕을 향해 수양이 부족하다고 몰아치는 상황에서 왕권이 힘을 가질 수 없습니다. 조선의 왕도정치는 신하들을 위한 통치체제였습니다.

3

'왕권과 신권'의 충돌

정도전 · 남은과 심효생 등이 여러 왕자들을 해치려 꾀하다가 성공하지 못하고 형벌에 복종하여 참형을 당하였다. … 정도전과 남은 등은 권세를 마음대로 부리고자 하여 어린 서자를 꼭 세자로 세우려고 하였다. 심효생은 외롭고 한미하면 제어하기가 쉽다고 생각하여 그 딸을 부덕이 있다고 칭찬하여 세자 이방석의 빈으로 만들게 하고, … 장차 여러 왕자들을 제거하고자 여러 왕자를 각도에 나누어 보내기를 청하였으나, 임금이 대답하지 아니하였다. … 정도전 등이 또 변중량을 사주하여 소를 올려 여러 왕자의 병권을 빼앗기를 청함이 두세 번에 이르렀으나, 임금은 윤허하지 아니하였다.

점치는 사람 안식이 말하였다. "세자의 배다른 형들 중에서 천명을 받을 사람이 하나뿐이 아니다."

정도전이 이 말을 듣고 말하였다. "곧 마땅히 제거할 것인데 무슨 근심이 있겠는가?"

의안군 이화가 그 계획을 알고 비밀히 정안군에게 알렸다. 이때에 이르러 환관 조순이 교지를 전하였다. "내가 병이 심하니 사람을 접견하고 싶지 않다. 다만 세자 외에는 들어와서 보지 못하게 하라."

정도전 · 남은 · 심효생 등이 임금의 병을 묻는다고 핑계하고는, 밤낮으로 남은 첩의 집에 모여 서로 비밀히 모의하여 … 임금의 병이 위독하다고 일컬어 여러 왕자들을 급히 불러들여 왕자들이 이르면 하인과 갑사로써 공격하고, 정도전과 남은 등은 밖에서 응하기로 하고서 일을 일으키기로 약속하였다.

이보다 먼저 이방원은 비밀히 이숙번에게 일렀다.

"간악한 무리들은 평상시에는 진실로 의심이 없지마는, 임금이 병환이 나심을 기다려 반드시 변고를 낼 것이니, 내가 그대를 부르거든 마땅히 빨리 와야만 될 것이다."…

이방원이 말을 멈추고 먼저 보졸 등 10인으로 하여금 그 집을 포위하게 하니, 정도전과 남은 등은 등불을 밝히고 모여 앉아 웃으면서 이야기하고 있었다. …

그 집을 포위하고 그 이웃집 세 곳에 불을 지르게 하니 정도전 등은 모두 도망하여 숨었으나, 심효생 등은 모두 살해를 당하였다. 정도전이 도망하여 그 이웃의 전 판사 민부의 집으로 들어가니, 민부가 아뢰었다. "배가 불룩한 사람이 내 집에 들어왔습니다."

정도전이 문 밖에 나와서 말하였다. "전에 공이 이미 나를 살렸으니 지금도 살려 주소서."

이방원이 말하였다. "네가 조선의 봉화백이 되었는데도 도리어 부족하게 여기느냐? 어떻게 악한 짓이 이 지경에 이를 수 있느냐?"

이에 그를 목 베게 하였다.

『조선왕조실록』 1398년(태조 7년) 8월 26일의 기록입니다. 정도전, 남은, 심효생 등이 여러 왕자들을 해치려 하다가 참형을 당하였습니다. 이성계의 병이 위독하다고 일컬어 여러 왕자들을 급히 불러들여 죽이려고 모의하였으나, 이를 알게 된 이방원의 선제공격에 피습당한 것입니다.

'제1차 왕자의 난'으로 알려진 이 사건은 겉으로는 세자 책봉과 사병 혁파를 둘러싸고 이방원과 정도전이 대립하면서 벌어진 사건이지만, 그 속을 들여다보면 조선왕조 내내 이어지는 왕권과 신권이 충돌한 사건이었습니다.

1392년 8월 20일 이성계는 새 왕조의 안정을 도모한다는 명목으로 막내아들 이방석을 왕세자로 삼았습니다.

처음에는 나이와 공로로써 세자를 책봉하려 하였으나, 장자인 이방과는 왕조 교체 자체를 부정적으로 생각하고 있었으며, 왕조 개창의 공로를 보면 이방원을 세자로 세워야 하지만 정도전 등은 패도적인 이방원을 달가워하지 않았습니다. 이방원이 왕위에 오르면 자신들의 입지가 줄어들 것을 염려한 것입니다. 결국 이성계는 계비 강씨와 정도전 등 권신들의 의견을 들어 막내아들 방석을 세자로 삼았습니다.

자신의 아들이 왕이 되기를 바라는 계비 강씨의 욕심과 더 많은 권력을 가지고 오랫동안 권세를 누리려는 권신들의 욕망이 일치하여 어린 방석을 세자로 옹립한 것이었습니다. 이렇게 된 데에는 이성계의 우유부단한 성격도 한몫하였습니다. 이방원과 한씨 소생의 왕자들은 당연히 불만이었으나 그대로 지켜보는 수밖에 달리 방법이 없는 처지였지만, 정도전 등 권신들의 속셈을 모를 리 없었습니다.

자신의 뜻대로 세자를 옹립한 정도전은 맹자의 왕도정치를 근간으로 하는 조선왕조의 통치체제를 통해 군주보다 신하의 역할을 강조하였습니다. 특히 신하의 우두머리라 할 수 있는 재상의 역할을 중요시하였습니다. "왕의 가장 중요한 일은 훌륭한 재상을 선택하는 데 있다."며 군주의 역할을 깎아내리기까지 하였습니다.

정도전은 1393년 11월부터 여러 왕자와 신료들에게 진도(陣圖)를 가르치게 했습니다. 그리고 이를 익히지 않은 왕자와 대신들을 처벌하려 했으나, 이성계는 왕자와 공신은 처벌대상에서 제외하였습니다.

그리고 1397년 6월, 정도전은 요동정벌을 건의하였으나 조준이 극력 반대하여 무산되었습니다. 정도전은 이듬해 8월 다시 조준을 설득하였으나 역시 실패하고 말았습니다. 조준이 반대한 것은 이성계가 위화도회군 때 제기한 불가론과 같은 맥락이었습니다.

본국은 옛날부터 사대의 예를 잃지 않았고, 또 새로이 개국한 나라로서 경솔히 이름 없는 군사를 출동시키는 것은 심히 불가합니다. 이해관계로 말하더라도 천조가 당당하여 도모할 만한 틈이 없으니, 신은 거사하여야 성공하지 못하고 뜻밖에 변이 생길까 염려되옵니다.

정도전이 요동정벌을 꺼낸 것은 위화도회군으로부터 십 년도 안 된 시점이었습니다. 고려 때는 원·명 교체기의 혼란한 틈을 이용하려는 전략이라도 있었습니다. 그러나 이성계는 작은 나라가 큰 나라를 칠 수 없다며 위화도에서 회군한 것이었습니다. 그런데 명나라가 이미 대륙을 통일하여 요동지역도 안정되어 있음에도 작은 나라가 큰 나라를 치겠다니? 말이 안 되는 것이었습니다. 이것이 조준이 반대한 이유였고, 이성계도 이를 원하지 않았습니다.

정도전은 자신의 꿈을 이루기 위해서는 여러 왕자와 신료들, 특히 이방원이 가지고 있는 사병을 없애야 했습니다. 그래서 사병들까지 동원하여 진도를 익히게 한 것입니다.

마침 명나라에서 조선에서 보낸 표전문에 황제를 모욕하는 표현이 있다 하여 정도전을 입조시키라고 하였습니다. 조선의 태도가 마음에 들지 않던 명나라 황제가 정도전을 볼모로 잡아 두고자 한 것이었습니다. 이성계는 정도전을 사지로 보낼 수 없었습니다. 또 정도전이 표전문을 작성한 것도 아니었습니다. 그러나 정도전과 경쟁관계에 있던 하륜은 정도전을 명나라에 보내야 한다고 주장하였습니다.

정도전은 진도를 익히게 한 것이 요동정벌을 위한 것이었다고 이성계를 설득하기 시작했습니다. 그리고 요동정벌을 내세워 사병을 혁파하려 하였습니다. 요동정벌은 사병 혁파를 위한 명분이었던 것입니다.

이방원도 더 이상 밀리면 안 되었습니다. 기회를 엿보고 있던 한씨 소생 왕자들과 이방원은 이성계가 병석에 눕자 사병을 동원하여 정도전, 남은 등을 죽여 버렸습니다.

정도전이 이성계의 병을 핑계로 여러 왕자들을 불러들여 죽이려 모의하였는지는 알 수 없습니다. 왕자들을 죽이려 하면서 자신은 호위

병력도 없이 모여 있었을지 의문이 가는 것도 사실입니다. 어찌 되었건 조선왕조에서 처음 드러난 왕권과 신권의 충돌은 왕권을 강화하려는 이방원의 승리로 끝이 났습니다.

왕조국가의 군주는 크게 세 부류로 나눌 수 있습니다. 의(義)와 예(禮)를 잘 알아서 수행하는 군주는 어진 임금[賢君]이 되고, 의와 예를 잘 알지 못하는 군주는 무식한 임금[昏君]이 되며, 의와 예를 부정하는 군주는 포악한 임금[暴君]이 됩니다.

한편 충(忠)의 자세로 군주를 보좌하여 올바른 길로 인도하는 신하는 군자(君子)가 되고 그렇지 못한 신하는 소인(小人)이 됩니다. 또 죽음에 이르러도 충성을 지켜 신하의 도리를 다하는 신하는 충신(忠臣)이 되고, 충성을 빌어 군주를 옳지 못한 길로 이끄는 신하는 간신(奸臣)이 됩니다.

국가를 가정의 연장으로 생각한 유교 국가관에서는 부모에 대한 효가 군주에게 전이되어 충이 된다고 보았습니다. 『소학』에서 "임금과 스승과 부모는 하나다[君師父一體]."라는 말은 이와 같은 가정과 국가, 효와 충의 관계를 잘 보여 줍니다. 효가 부모에 대한 절대적인 순종을 요구하듯이 충도 효 관념의 확대로서 군주에 대한 신하의 절대적인 복종을 요구하였습니다.

그러나 군주와 신하 사이의 관계는 부모와 자식 사이처럼 혈연적 자연적인 천륜으로 결합된 관계가 아니라, 녹(祿)을 매개로 하여 의로 맺어진 관계로서 사직하면 군신관계가 해제됩니다. 의로써 맺어진 군신관계에서는 군주가 신하에게 의로써 복종을 요구해야 하듯이 군주에 대한 신하의 충성도 의에 의거해야 합니다.

맹자는 군주가 허물이 있으면 신하는 간언해야 하고 군주가 간언을 받아들이지 않으면 떠나는 것이 신하의 도리라 하였습니다.

제나라의 선왕이 경(卿)에 대해 묻자,

맹자가 말했다. "왕께서는 어떤 경에 대해서 묻는 것입니까?"

왕이 말했다. "경은 다 같은 것 아닙니까?"

맹자가 대답했다. "같지 않습니다. 군주와 같은 성씨의 친척인 경이 있고, 다른 성씨인 경이 있습니다."

왕이 말했다. "친척인 경에 대해 알고 싶습니다."

맹자가 말했다. "친척인 경은 군주에게 큰 허물이 있으면 간언하되, 거듭 간언해도 이를 듣지 않으면 군주의 자리를 바꾸어 버립니다."

이 말을 들은 왕은 발끈하며 안색이 변했다.

맹자가 말했다. "왕께서는 이상하게 여기지 마십시오. 왕께서 신에게 물었기에 신이 감히 바르게 대답하지 않을 수 없었습니다."

왕이 안색이 안정된 후에 다른 성씨인 경에 대해 묻자,

맹자가 말했다. "다른 성씨인 경은 군주에게 허물이 있으면 간언하되, 거듭 간언해도 듣지 않으면 떠나 버립니다."

중국 왕조국가의 군신관계를 조선왕조에 그대로 적용할 수는 없습니다. 조선왕조는 왕권이 약했습니다. 따라서 신하가 간언해도 받아들이지 않으면 신하가 떠나는 것이 아니라 왕을 바꿔 버릴 수도 있었습니다. 조선시대에 일어난 두 번의 반정이 이를 증명하고 있습니다.

정도전을 제거하고 왕위에 오른 이방원은 후대를 위해 자신의 처가 세력까지 제거함으로써 신권을 완전히 억눌렀습니다. 덕분에 세종은 왕권과 신권의 조화 속에서 태평성대를 구가할 수 있었던 것입니다.

그러나 세종의 뒤를 이어 문종이 즉위하면서 상황은 다시 반전되었습니다. 병약한 문종은 아우인 수양대군을 두려워하여 어린 단종을 보호하려고 신하에게 권력을 넘겨주었습니다. 문종의 고명을 받은 김종서, 황보인 등 고명대신들이 조정을 장악하였으나 이에 반발한 수양대군이 왕권을 되찾겠다고 계유정난을 일으켜 단종을 폐하고 왕위에 올랐던 것입니다.

세조는 신권을 누르고 왕권을 되찾았다고 하겠지만, 이때의 왕권과 신권의 충돌은 이방원의 경우와는 많은 차이를 보입니다. 무엇보다 김종서, 황보인 등은 단종을 보호하기 위한 것일 뿐 자신들이 권력을 잡겠다는 의도가 없었습니다. 또 세조는 계유정난을 통해 김종서 등 고명대신들은 제거하였지만, 한명회 등을 정난공신으로 책봉함으로써 또 다른 권신을 낳는 결과를 초래하였습니다. 태종 이방원은 후대를 위해 더 이상 신권을 인정하지 않았으나, 세조의 경우는 사람만 바꾸었을 뿐입니다.

조선왕조에서 신권이 강하였던 것은 왕권의 정통성이 부족한 탓도 있었습니다. 조선시대의 왕들은 장자승계 원칙이 거의 지켜지지 않았으며, 왕이 될 가망이 없던 인물이 어느 날 갑자기 왕위에 오르는 일도 많았습니다.

태조 이성계는 제1차 왕자의 난이 일어나자 둘째 아들인 방과에게 왕위를 물려주고 떠났지만, 왕위를 물려받은 방과는 제2차 왕자의 난이 일어나자 이방원에게 왕위를 물려주었습니다. 2년 남짓 왕위에 있던 방과는 묘호도 없이 '공정대왕'으로 불리다가 숙종 때에야 '정종'이라는 묘호를 받았습니다. 왕으로 인정받지 못했던 것입니다.

왕위에 오른 태종 이방원은 권신들을 숙청하고 세종에게 태평성대의 길을 열어 주었으나, 이 또한 장자승계원칙이 지켜지지 않은 것이었습니다. 당초 세자였던 양녕대군은 셋째 세종에게 왕위를 물려주었지만 속으로는 서운함이 있었을 것입니다. 그는 세조의 계유정난을 지지함으로써 불만을 표출하였습니다.

계유정난을 통하여 왕위에 오른 세조도 장자인 의경세자가 요절하는 바람에 둘째 아들에게 왕위를 물려주었으나, 그 역시 건강이 좋지 않아 섭정과 원상제도에 의해 왕권을 행사해야 했습니다. 왕권이 미약할 수밖에 없었습니다. 원상제도라는 것은 왕이 지명한 원로중신들이 국정을 의결하면 왕은 형식적인 결재만 하는 제도였습니다. 세조가 원상으로 지목한 세 중신은 한명회, 신숙주, 구치관 등 측근 세력이었습니다. 결과적으로 신권을 강화시켜 준 꼴이 되었습니다.

예종이 14개월 만에 요절하자, 세조 비 윤씨는 자신의 장자인 의경세자의 둘째 아들 자을산군을 왕위에 앉혔습니다. 예종의 아들 제안군이 있었고 자을산군의 형 월산군도 있었지만 자을산군을 왕위에 앉힌 것은 한명회가 자을산군의 장인이었기 때문입니다.

신권의 도움 없이는 장자라 하더라도 왕위를 승계하지 못하였던 것입니다. 왕권은 위축될 수밖에 없었습니다. 그러나 이때까지만 하더라도 왕실에서 신권의 협조를 얻기만 하면 왕권을 안정시킬 수 있었으니 그나마 다행이었습니다.

정희왕후가 수렴청정을 끝내고 성종이 편전을 장악하면서부터 상황은 또다시 변했습니다. 성종은 원상제를 없애고 김종직 등 사림파 인물들을 영입하여 권신들을 견제했습니다. 성종의 뒤를 이은 연산군은 자신의 생모인 폐비 윤씨가 인수대비와 권신들에 의해서 죽었다고 생각했습니다. 그는 두 번에 걸친 사화를 통해 신권을 누르고 왕권을 장악했으나 신하들에 의해 왕위에서 쫓겨났습니다.

반정으로 왕위에 오른 중종의 왕권은 미약할 수밖에 없었습니다. 그는 신하들의 강압에 조강지처를 버려야 했습니다. 중종은 조광조 등 사림세력을 끌어들이지만 조광조 일파가 도학적 정치이념을 내세워 임금에게까지 압박을 가하자 조광조의 급진적 경향에 염증을 느끼고는 훈구대신들의 상소를 받아들여 사림세력을 숙청하였습니다.

훈구대신이나 사림세력이나 신하들이 왕을 압박하기는 마찬가지였던 것입니다.

중종의 장자 인종이 8개월 만에 원인모를 병으로 일찍 죽자, 중종의 둘째 아들이 12살의 나이로 왕위에 올랐습니다. 명종은 모후 문정왕후와 외척들의 발호에 평생을 눈물로 왕위를 지켜야 했던 불행한 군주였습니다.

명종이 죽고 그를 이을 적손이 없자 중종의 서손인 선조가 왕위를 이어받음으로써 이른바 방계승통 시대가 열리게 되었습니다. 이로 인해 외척 중심의 척신정치는 사라졌으나 사림세력이 중용되어 붕당정치의 시대가 도래했습니다. 이는 본격적인 신권 중심의 정치를 의미하는 것이었습니다.

사림세력이 조정을 장악하고 있던 시절, 왕권의 정통성을 기반으로 강력한 왕권을 행사한 군주는 숙종이었습니다. 1674년 왕위에 오른 숙종은 예송논쟁으로 긴장 상태에 있던 정국을 남인 우위로 뒤집었습니다. 1680년에는 경신환국으로 남인을 몰아내었고, 1689년에는 장희빈의 아들을 원자로 삼으려는 숙종의 뜻에 반대한 송시열 등 서인을 내몰고 남인을 중용하는 기사환국을 단행했습니다. 이때 당대의 거유 송시열에게 사약을 내려 죽였습니다.

송시열은 당대 유림의 대표로서 유림에서는 왕의 명령보다 송시열의 말을 따르는 형국이었습니다. 숙종은 왕위에 오르기 전부터 송시열을 좋아하지 않았습니다. 송시열이 예송논쟁을 통하여 계속 왕실을 자극했기 때문입니다. 왕위에 오른 숙종은 갑인환국을 통하여 송시열을 귀양 보내 버렸습니다.

그 후 숙종은 장희빈이 낳은 아들을 원자로 삼았는데, 송시열이 이를 반대하자 삭탈관직하고 쫓아냈습니다. 왕의 조치에 반발한 신하들이 계속 상소를 올리자, 숙종은 국문을 하기 위해서 송시열을 한양으로 불렀습니다. 송시열이 한양으로 올라오는 중에 송시열을 따르는 유생 및 노론들이 수백 명에 달했으며 한양이 가까워질수록 그 수가 많아졌다고 합니다.

이 소식을 들은 숙종은 분노했습니다. 유림의 결집에 겁도 났을 것입니다. 숙종은 결국 송시열이 한양에 도착하기도 전에 사약을 내려 죽여 버렸습니다. 예송논쟁의 와중에서도 건재를 과시했던 당대의 거유 송시열은 환국정치에 휩쓸려 무모하리만치 과감한 숙종의 공세에 속절없이 죽음을 맞이하게 되었습니다.

그 후 1694년 숙종은 갑술환국으로 다시 남인을 내몰고 서인으로 정권을 교체했습니다. 이러한 환국정치는 숙종이 왕권을 강화하기 위한 것으로, 송시열의 죽음은 신권의 패배를 의미했습니다.

숙종은 살아서 신하들에게 "현의광륜예성영렬유모영운홍인준덕배천합도계휴독경정중협극신의대훈장문헌무경명원효대왕"이라는 긴 존호까지 받았습니다. 그만큼 신하들이 왕을 두려워했다는 뜻이기도 합니다.

숙종을 마지막으로 강한 왕권을 가진 왕은 더 이상 나오지 않았습니다. 조선왕조의 왕들은 신하들과 타협하지 않고는 살아갈 수 없다는 것을 잘 알고 있었으며, 신하들과 원만한 관계를 유지한 왕들은 제명을 다할 수 있었습니다.

숙종의 뒤를 이은 영조 · 정조의 탕평책이라는 것도 결국은 신하들과의 타협에 불과한 것이었습니다. 다만, 한쪽 당파만 등용하지 않겠다는 의미였을 뿐입니다.

효종, 현종, 정조 등이 신하들과 맞서다 독살되었을지도 모른다는 의문이 있다는 자체가 신권이 강했음을 의미합니다. 조선은 왕이 아닌 신하가 지배한 나라였습니다.

4

조선은 '독립국이 아니다'

1897년 10월 12일 고종은 원구단에서 천제를 올리고, 황제로 즉위하였습니다. 조선이 중국의 속국에서 벗어나 자주독립국인 "대한제국(大韓帝國)"으로 새롭게 태어난 것입니다.

1897년 2월 고종이 러시아공관에서 환궁한 후 칭제건원(稱帝建元)을 추진하여 8월에 연호를 '광무(光武)'로 고쳤으며, 9월에는 원구단을 세웠고, 드디어 10월 12일 황제로 즉위하여 국호를 '대한(大韓)'으로 하고 임금을 '황제(皇帝)'로 칭한다고 선포했습니다.

대한제국의 성립은 조선이 "자주독립국가"임을 만방에 알린 역사적 사건이었습니다. 고종은 황제가 되었고, 왕후 민비는 황후로, 왕세자는 황태자가 되었습니다.

조선은 왕조 초기부터 중국의 제후국임을 자처하였습니다. 사대의 예로 중국을 섬기었으며, 제후의 도리에서 벗어나는 고려 때의 호칭이나 원구단 등 여러 관행들도 폐지하였습니다. 중국을 중심으로 한

국제 질서 속에서 조선 왕은 중국의 천자와 대등한 지위에 있지 못하였습니다.

1884년 갑신정변 때 급진 개화파들은 조선국왕을 중국의 황제와 동등한 의례적 지위에 놓으려고 시도하였습니다. 그들은 종래 왕을 군주라 하던 것을 '대군주'로 고치고, 전하라고 부르던 것도 황제와 마찬가지로 '폐하'라고 높여서 부르도록 하였습니다. 그리고 왕의 명령을 황제의 명령과 같이 '칙'이라 하고 국왕 자신도 황제와 마찬가지로 스스로를 '짐(朕)'이라고 부르도록 하였습니다. 이것은 완전자주독립을 강화하려는 개화파의 의지를 나타낸 것이었지만, 갑신정변의 실패로 이러한 시도는 중단되었습니다.

이로부터 10년 후 갑오경장 때 다시 국왕을 황제의 지위로 높이려 하였습니다. 갑오경장 정부는 1894년 7월 29일부터 왕을 공식적으로 '대군주'로 호칭하였습니다. 그리고 중국 연호를 폐지하고 조선왕조의 개국기년(開國紀年)을 사용하였습니다. 당시 1894년은 개국 503년이 됩니다. 그리고 1895년 1월 7일 홍범 14조를 공포하였습니다. 홍범 14조는 우리나라 최초의 근대적 헌법입니다. 홍범 제1조에 "청국에 의존하는 생각을 끊고 자주독립의 기초를 세운다."는 문구를 넣어 조선이 중국과 대등함을 나타냈습니다.

또 1895년 8월 27일 국호를 '대조선국(大朝鮮國)'으로 개칭하고 대군주를 황제로 격상시키려고 하였습니다. 그러나 일본의 반대로 실행되지 못한 채 1896년 2월 11일 아관파천이 일어남에 따라 국왕을 황제로 격상시키려는 계획은 중단되었습니다.

이후 독립협회를 중심으로 고종의 환궁을 추진한 결과, 1897년 2월

20일 고종이 러시아공관에 파천한 지 1년 만에 환궁하게 되었습니다. 고종은 환궁한 후 연호를 고치고, 원구단을 세우는 등의 준비를 마치고 마침내 1897년 10월 12일 황제로 즉위함으로써 세계에 “대한제국”이 자주독립국임을 알린 것입니다.

그러나 이는 역설적이게도 조선이 중국의 제후국으로 완전한 독립국가가 아니었음을 스스로 인정한 꼴이 되었습니다.

유교에서는 천명(天命)사상에 의거 하늘로부터 명령을 받은 사람만이 나라를 다스릴 수 있다고 보았습니다. 왕은 하늘의 명에 의해 결정되는 초월적 존재로서 왕이 가진 지배권은 지상의 어떠한 것으로도 규제할 수 없는 절대성을 가진 것입니다.

조선은 왕위를 세습하는 가문이 다스리는 왕조국가로서 왕의 지배권 또한 절대성을 가지고 있습니다. 그러나 조선 왕은 한편으로 중국의 제후국왕이라는 지위에 있기 때문에 중국에게는 상대적 지배권만을 주장할 수 있을 뿐입니다. 이는 중국을 종주국으로 인정하고 조선은 제후국으로서 사대의 예로서 중국을 대하고, 제후국으로서의 의무를 지는 중국식 세계 질서를 받아들였기 때문입니다.

제후는 본래 중국 종법봉건제도의 산물로, 주나라는 왕족과 공신들에게 땅과 작위를 내려 주어 해당 지역의 통치를 일임했습니다. 제후들은 분봉 받은 지역에 대해 천자를 대리해 통치할 수 있는 자치권을 보장받습니다만 제후는 천자가 임명하며, 천자에게 중요 국정사항을 보고하고 공물을 공급하는 책무가 부여되었습니다.

한나라 이후 중국 여러 왕조는 황족들을 제후 왕으로 책봉하는 전통은 형식적으로 유지하였으나, 분봉된 제후 왕들은 실권을 가지지 못했으며, 제후 왕들의 영지를 포함한 모든 지역은 황제가 임명한 행정관이 관할하였습니다.

중국 왕조가 황족들을 제후 왕으로 책봉하는 전통은 중국의 대외관계 형식에도 적용되었습니다. 이것이 바로 중국이 종주국이 되고 그 주변의 국가들이 제후국이 되는 중국적 세계 질서입니다.

우리나라는 오래전부터 중국식 세계 질서에 들어 있었지만 실제로는 제후국이 아니었습니다. 중국을 천자의 나라로 인정하고 의례적으로 황제로부터 책봉을 받긴 하였지만 자주적 역량을 갖추고 있었기 때문입니다. 신라가 통일을 이루는 과정에서 당나라와 전쟁을 할 수 있었던 것도 이러한 자주정신과 역량을 가졌기 때문에 가능한 일이었습니다.

우리나라가 중국식 세계 질서에 완전히 복속된 것은 고려가 원나라에 항복하면서부터였습니다. 1258년 12월 고려는 오랫동안의 여몽전쟁을 끝내고 원나라에 항복했습니다. 그리고 1264년 고려 원종은 원나라에 입조하여 쿠빌라이를 만나 앞으로 사대의 예를 극진히 하겠다고 서약하고, 또 세자와 원나라 공주와의 혼인을 제안했습니다.

이렇게 해서 고려는 원나라의 부마국이 되었습니다. 부마국은 다른 제후국들보다는 격이 높았습니다. 고려가 부마국이 될 수 있었던 것도 100년 가까이 원나라를 상대로 싸웠기 때문이었습니다. 원나라에서도 고려의 저력을 인정했던 것입니다.

그러나 원종의 뒤를 이은 왕부터는 왕의 시호 앞에 일괄적으로 '충(忠)'자를 붙여야 했고, 묘에도 조(祖)나 종(宗) 대신 '왕'이라 하였습니다. 또 짐(朕)은 '고(孤)'로, 폐하(陛下)는 '전하(殿下)'로, 태자는 '세자'로 격하되었습니다. 이제 고려국왕은 즉위하면 원나라 황제의 조서를 받아야 했습니다. 예전 요 · 금 · 송나라에는 형식적으로 승인을 받았으나, 이제부터는 제후국으로 정식 승인을 받아야 하는 것이었습니다.

14세기 중엽에 들어서면서 원은 홍건적의 봉기로 급격히 몰락하게 되었습니다. 이 시기에 즉위한 공민왕은 원 · 명 교체기를 틈타 일련의 개혁정책을 펼쳐 국권을 되찾고, 잃었던 북방의 영토를 수복하였습니다. 고려는 100여 년간 지속된 원나라 식민지배에서 벗어나 자주국가로 돌아갈 수 있는 기회를 맞았습니다만, 공민왕의 갑작스러운 죽음으로 이러한 노력은 무위로 끝나고 말았습니다.

공민왕이 죽은 후 우왕을 옹립하여 실권을 잡은 이인임이 북원과의 외교관계를 복원하려 하자 조정의 중심세력으로 성장한 신진사대부들이 강력 반발하였습니다. 성리학을 익힌 향리 출신 과거 합격자였던 신진사대부들은 중화사상과 사대주의에 입각해 명나라를 섬겨야 한다는 입장이었습니다. 그들이 보는 원나라는 오랑캐 나라인 것입니다.

고려는 이성계의 위화도회군 이후 친명정책으로 돌아섰습니다. 이성계 일파의 중심이 신진사대부들이었기 때문입니다. 고려는 명나라의 제후국이 되었으며, 이는 조선왕조로 계속 이어졌습니다.

이성계는 왕으로 즉위하자 바로 명나라에 자신의 등극을 알리는 사신을 보냈습니다. 원나라 이래 계속되어 온 승인절차였습니다.

이성계는 1392년 7월 28일 내린 교서에서 "천자는 7묘, 제후는 5묘를 세우며, 왼편에는 종묘를 세우고, 오른편에는 사직을 세우는 것은 옛날의 제도이다. 그것이 고려왕조에서는 소목의 순서와 당침의 제도가 법도에 합하지 아니하고 …"라 하여 고려가 취했던 천자의 제도를 고치라고 하였습니다.

여기서 말하는 7묘(七廟)는 주나라 이래 내려온 천자의 종묘로 곧 태조의 종묘와 삼소(三昭), 삼목(三穆)의 총칭입니다. 5묘(五廟)는 제후의 종묘로 태조의 종묘와 이소, 이목의 총칭입니다. 또 소목(昭穆)이란 종묘에서 신주를 모시는 차례를 말하는데, 천자는 태조를 중앙에 모시고 2-4-6세는 소라 하여 왼편에 모시고 3-5-7세는 목이라 하여 오른편에 모시어 3소 3목의 7묘가 되고, 제후는 2소 2목으로 5묘가 됩니다. 따라서 조선은 제후국이니 고려에서 설치한 7묘를 5묘로 바꾸어야 한다는 것이었습니다.

이어서 8월 11일에는 원구(圜丘)는 천자가 하늘에 제사 지내는 예절이니, 제후국인 조선이 이를 행할 수 없다 하여 폐지하였습니다. 그리고 10월 25일에는 정도전을 명나라에 보내 사은하고 말 60필을 바쳤습니다. 이것을 시작으로 조선은 명나라에 정기 또는 수시로 사은사를 보냈습니다.

또 매년 정월 초하루에는 황제가 있는 곳을 향하여 새해를 축하하는 의식을 가졌습니다. 심지어 병자호란 당시 인조는 남한산성에서 중국 궁궐을 향해 망궐례를 드리기도 하였습니다. 조선은 천자를 대하는 예가 이렇듯 지나치게 극진하였습니다.

'조선'이라는 나라 이름도 명나라 황제의 재가를 받아 정했습니다.

이성계는 왕으로 즉위한 후 내린 교서에서 “나라 이름은 그전대로 고려(高麗)라 하고, 의장과 법제는 한결같이 고려의 고사(故事)에 의거하게 한다.”고 하여 고려의 국호를 그대로 사용한다고 하였습니다.

그런데 명나라 황제가 이성계의 왕위 등극을 알리는 사신에게 “나라 이름을 어떻게 고칠 것인가 빨리 보고하라.”고 지시하자, 부랴부랴 백관을 모아 나라의 칭호를 의논하도록 하여 이틀 후 조선과 화령이라는 복수 안으로 재가를 요청하였습니다.

그리고 다음 해 2월 15일 명나라 황제로부터 국호를 조선으로 한다는 통지를 받자, 그때부터 조선이라는 국호를 사용하기 시작한 것입니다.

중국에 대한 사대의 예를 보면, 조선이 제대로 된 독립국인가 의문이 드는 게 사실입니다. 그러나 조선과 명나라와의 관계는 당시 중국을 중심으로 형성되었던 중국적 세계 질서였고, 조선은 이러한 세계 질서의 현실을 수용한 것이었습니다.

결국 조선의 왕은 국내와 중국을 제외한 다른 국가에 대하여는 초월적 존재로서의 지배권을 가졌지만, 중국에 대하여는 황제에게 예속되어 제한된 범위 내에서의 권한밖에 가지지 못했으므로 완전한 자주 독립국가라 하기는 어렵습니다. 그럼에도 조선왕조는 중국의 제후국으로 만족하고 있었습니다. 중화사상과 성리학에 매몰된 조선조정은 자주 독립이라는 생각조차도 없었습니다. 그들은 명나라가 멸망하자 이제는 조선이 중화라는 망상에 사로잡힌 채 시대의 흐름을 애써 외면했습니다.

대한제국도 스스로 이룬 성과가 아니었습니다. 임오군란이 일어나자 고종은 청나라를 끌어들였고, 1884년 8월 23일 조청상민수륙무역장정을 체결하였습니다. 여기에서 청의 북양대신과 조선국왕을 동격으로 놓는 등 청나라는 조선에 대한 종주권을 명문화했으며, 영약삼단이란 족쇄를 채워 조선이 마음대로 외교 활동을 할 수 없게 했습니다. 영약삼단의 내용은 다음과 같습니다.

① 조선공사는 주재국에 도착하면 먼저 청국공사를 찾아와 그의 안내로 주재국 외무성에 간다.
② 회의나 연회석상에서 조선공사는 청국공사의 밑에 자리한다.
③ 조선공사는 중대 사건이 있을 때 반드시 청국공사와 미리 협의한다.

그 후 청일전쟁에서 이긴 일본은 1895년 4월 17일 청나라와 시모노세키조약을 체결하였는데 그 내용의 가장 중요한 부분이 바로 조선에 관한 것으로, "청국은 조선으로부터 종주권을 영구히 포기하고, 조선의 완전해방을 승인한다."였습니다. 조선에 관한 사안이 주요 협상의제였음에도 불구하고 조선은 그 회담에 참석조차 하지 못하였습니다. 약소국의 비애입니다.

우리나라 최초의 근대적 헌법이라고 하는 홍범 14조 제1조의 규정은 사실 이러한 국제 정세에 편승한 것이었습니다. 대한제국의 성립은 일본 등 열강들이 자신들의 조선 침탈을 용이하게 하기 위한 책략이었던 것입니다.

그러나 국가의 자주독립은 강대국들의 세력 균형에만 기댈 수 없는 일입니다. 조선이 대한제국이 되었지만 국제사회는 이를 쉽게 인정하지 않았으며, 일본 등 우리나라를 침탈할 의도를 가진 나라만이 독립국가로 승인했습니다.

스스로 자립하지 못하고 외세에 기댄 대한제국은 외세의 틈바구니에서 발버둥 치다가 결국 일본의 식민지로 전락하고 말았습니다.

작은 나라가 살아남기 위해서는 큰 나라를 섬겨야 하지만, 자기 스스로 나라를 지킬 힘을 기르지 않으면 국가의 존립마저도 보장할 수 없는 것입니다. 중화사상과 사대주의로 중국식 세계 질서에 안주하면서 시대의 흐름을 외면하였던 조선은 결코 자랑스러운 역사가 아닙니다.

5

정통성이 결여된 '나라 이름'

조선왕조를 개창한 이성계는 즉위교서를 내려 새 왕조의 국호를 고려로 한다고 밝혔습니다. 『조선왕조실록』 1392년 7월 28일의 기록입니다.

태조(이성계)가 중외의 대소 신료와 한량 · 기로 · 군민들에게 교지를 내리었다.
"왕이 이르노라. … 나라 이름은 그전대로 고려(高麗)라 하고, 의장과 법제는 한결같이 고려의 고사에 의거하게 한다. … "

그런데 1392년 11월 27월 이성계의 등극을 알리기 위해 명나라에 갔던 사신이 돌아와 황제의 훈유를 전해 왔습니다.

"공민왕이 죽으매 그 아들이 있다고 칭하고 이를 세우기를 청하였으나, 나중에 와서 또 그렇지 않다고 말하였고, 또 왕요를 왕손의 정파라 하여 세우기를 청하였다가 지금 또 제거해 버렸소. 두세 번 사람을 시켜 왔으나 대개는 자기 스스로 왕이 되기를 요구한 것이므로 나는 묻지 않았소. 자기 스스로 왕이 되어 스스로 할 것이오. 백성들을 편안하게 하고 서로 통하여 왕래하게 하오."

이성계가 자기 스스로 왕이 되었다고 하면서도 문제 삼지 않겠다고 한 것입니다. 이성계로서는 왕위 승인은 물론 왕조 교체까지 승인을 받은 셈이니 큰 짐을 내려놓게 되었습니다.

사신은 황제의 훈유를 전하면서 국호를 정하는 문제에 대한 예부의 자문을 가지고 왔습니다. 국호를 고치라는 것입니다.

"고려는 산이 경계를 이루고 바다가 가로막아 하늘이 동이를 만들었으므로, 우리 중국이 통치할 바는 아니다." … "사절이 왕래할 것이니 문서가 도착하는 날에 나라에서 어떤 칭호로 고칠 것인가를 빨리 달려와서 보고할 것이다."

이성계는 즉시 기로와 백관을 도당에 모아 나라의 칭호(國號)를 의논하도록 하였습니다. 황제가 자신의 왕조 교체도 불문에 붙인다 했는데 국호쯤 고치는 거야 아무것도 아니라고 생각했을 것입니다. 설사 국호를 고치는 것이 어렵다 하더라도 황제의 명령을 거부할 생각은 꿈에도 하지 않았을 것입니다.

이틀 후인 11월 29일 이성계는 조선(朝鮮)과 화령(和寧)으로써 황제에게 재가를 요청하였습니다. 그리고 1393년 2월 15일 황제로부터 "조선(朝鮮)"으로 결정한다는 통지를 받았습니다.

명나라 황제는 국호를 고치고 나서 빨리 보고하라고 하였을 뿐입니다. 국호를 정해서 올리면 되는 것이었습니다. 그런데도 이성계는 굳이 두 개의 국호를 올려 황제가 정해주기를 요청한 것입니다. 지나친 사대라고 아니할 수 없습니다. 나라 이름까지도 스스로 짓지 못하고 중국의 승인을 얻어야 안심할 수 있었던 처지. 그것이 당시 이성계를 비롯한 집권 사대부들의 사대정신이었던 것입니다.

어찌 되었든 국호는 바뀌었습니다. 이성계는 "지금부터는 고려(高麗)란 나라 이름은 없애고 조선(朝鮮)의 국호를 좇아 쓰게 할 것이다." 라는 교지를 내렸습니다.

'조선(朝鮮)'이라는 명칭은 『산해경』에 처음 보이며, 사마천의 『사기』 「조선열전」에 "조선에는 습수, 열수, 산수의 세 강이 있어 열수에서 합쳐지는데 낙랑과 조선이라는 명칭은 이 강들의 이름에서 따온 것 같다."고 하였습니다.

이렇듯 중국인들은 강물을 가지고 조선의 이름을 유추했으나 우리 선조들은 다르게 해석하였습니다.

『신동국여지승람』에는 "해가 일찍 뜨는 동방의 나라"라고 하여 아침에 해가 뜨는 동쪽 끝이라서 아침이 맑기 때문에 조선이라고 불렀다는 의미로 해석했고, 안정복은 북방 유목민족인 선비족의 동쪽에 있기 때문에 조선이라 불렀다고 했습니다.

신채호와 정인보는 조선을 같은 음을 지닌 만주어의 '주신(珠申)'에서 온 것으로 해석하였는데, 『만주원류고』에는 만주어로 '같은 소속'을 주신으로 한다고 기록하고 있습니다. 또 조선과 숙신은 같은 나라라 하였으니, '주신=숙신=조선'은 같은 의미가 됩니다.

조선의 명칭에 대한 여러 견해 중 어느 것이 맞는지는 정확하게 모르겠으나, 그 유래가 매우 오래된 것임은 틀림없습니다.

조선이라는 국호를 채택한 이유는 1395년(태조 4년) 정도전이 편찬한『조선경국전』서두에서 엿볼 수 있습니다. 그러나 여기 실린 기사는 조선이라는 국호가 결정된 다음이기 때문에 실제 국호를 논의하는 과정에서 어떤 이유로 두 개의 안을 선정하였는지는 알 수가 없습니다. 다만, 조선이라는 국호에 대한 당시 조정의 의중을 짐작할 따름입니다.

해동의 나라들은 국호가 일정하지 않아서 "조선"이라고 부른 것이 셋이 있었다. 단군, 기자, 위만이 그것이다. 박씨, 석씨, 김씨가 서로 계승하여 "신라"로 불렀고, 온조는 "백제"로 불렀고, 견훤은 "후백제"로 불렀다. 또한 고주몽은 "고구려"로 불렀으며, 궁예는 "후고구려"로 불렀다. 왕씨는 궁예를 대신한 뒤에 여전히 고려의 국호를 답습하였다. 이들은 모두 한 지역을 몰래 차지하여 중국의 칙명을 받지 않고 스스로 국호를 세우고, 서로 침략하고 빼앗았으니 비록 국호를 칭한 것이 있다 하더라도 이를 어찌 받아들일 수 있겠는가? 다만 기자만이 주나라 무왕의 명령을 받아 조선후가 되었다.

지금 명의 천자는 고명에서 이렇게 말하였다.

"오직 조선이라는 칭호가 아름다울 뿐 아니라 그 유래가 매우 오래다. 이 이름을 근본으로 하여 받들고 하늘을 쫓아서 백성들을 기르면,

길이 후손들이 번창할 것이다."

주 무왕이 기자에게 명한 것처럼, 명 천자가 전하(이성계)에게 명하였으니 이름이 바로잡히고 말도 적당해진 것이다. 기자는 무왕에게 홍범을 가르쳤고, 홍범의 뜻을 부연하여 8조의 교를 지어서 우리나라에서 실시하니 정치의 교화가 크게 이루어지고 풍속이 지극히 아름다워졌다. 이제 조선이라는 아름다운 국호를 답습하였으니 기자의 선정도 마땅히 강구해야 할 것이다.

오호라! 명 천자의 덕도 주 무왕에 비교하여 부끄럽지 않거니와 전하의 덕, 또한 어찌 기자에 비하여 부끄러움이 있겠는가! 장차 홍범의 학과 8조의 교가 오늘날 다시 시행되는 것을 보게 될 것이다. 공자는 말하였다. "내가 그 나라를 동쪽의 주나라로 만들겠노라"고. 공자가 어찌 나를 속이겠는가?

먼저 과거에 존재했던 국호들 중에서 조선 · 신라 · 백제 · 고구려를 순서대로 열거한 뒤, 받아들일 수 없는 국호들의 이유를 설명했습니다. 신라 · 백제 · 후백제 · 고구려 · 후고구려 · 고려는 모두 중국과 무관하게 세워진 나라로서, 국호도 중국의 칙명을 받지 않았으며, 이들 나라는 서로 침략하고 빼앗는 등 분열적 양상을 보였다는 것입니다. 중국의 승인이 없던 국가는 나라로 인정하지 않겠다는 뜻입니다.

다음으로 조선이 셋 있었다고 하면서도 오직 기자만이 주나라 무왕의 명령을 받아 조선후가 되었으므로 국호로 받아들일 수 있다고 하였습니다. 즉, 기자가 다스리던 나라인 조선만이 국호로 정하기에 합당하다는 뜻입니다.

그런데 이상합니다. 새 왕조를 세웠으면 국호도 새로운 이름을 사용하는 것이 맞을 것 같은데, 왜 굳이 예전에 이미 사용했던 국호들 중에서 찾으려 했는지 궁금합니다. 아마 고구려를 계승했다는 고려를 의식하여 예전에 존재했던 국가를 이어받음으로써 고려의 정통성을 뛰어넘겠다는 의도가 아니었나 생각됩니다.

그런데 과거에 존재했던 나라들 중에서 선택하자니 우선 자신이 뒤엎은 고려는 대상에서 제외될 수밖에 없습니다. 그러다 보니 고려가 계승하였다고 주장한 고구려나 후고구려도 당연히 제외되었을 것입니다. 신라나 백제의 경우는 지역의 협소함으로 인해 전국적인 정통성으로 끌어올리기에는 부족했습니다.

남은 것은 오직 조선밖에 없습니다. 조선은 단군, 기자, 위만으로 지배자가 바뀌어도 국호를 변경하지 않고 그대로 계승하였습니다.

『삼국유사』에 의하면, 고조선은 단군 왕검이 건국하여 다스렸는데 주 무왕이 즉위한 기묘년에 기자를 조선에 봉했습니다. 이에 단군은 장당경으로 옮겼다가 뒤에 돌아와서 아사달에 숨어서 산신이 되니 나이는 1,908세였다고 합니다. 이후 연나라 사람 위만이 조선에 망명해 와서 무리 천여 명을 모아 변방에 자리 잡고 살다가 준왕을 몰아내고 왕이 되었으며, 그의 손자 우거왕 때 한나라에 멸망되었습니다. 이들 조선 삼국 중 사대주의 유학자들이 주목한 것은 기자조선이었습니다. 기자조선은 주 무왕이 기자를 조선후로 삼았으며, 홍범의 뜻을 부연하여 8조의 교를 지었다 하여 조선을 국호로 정한 것이었습니다.

기자는 은나라 사람으로 이름은 서여(胥餘), 자는 작위로 기(箕)에 봉해져 기자라 하였습니다. 포악한 주왕에게 선정을 간하였으나 주가 듣지 않자 조정을 떠났습니다. 이후 주의 무왕이 주를 쳐서 은나라를 멸망시킨 후 기자를 조선에 봉했다고 합니다.

기자 동래설은 중국 기록에도 많이 나오고 있으나 내용이 서로 다릅니다. 『상서』에는 기자가 조선으로 달아나자 주 무왕이 기자를 그대로 조선에 봉하였다고 하였으며, 사마천의 『사기』에는 무왕이 기자를 조선에 봉하였지만 기자는 신하의 예를 취하지 않았다고 하였습니다.

그러나 사대주의 유학자들은 오로지 기자가 주 무왕으로부터 조선후에 봉해졌다는 것과 8조의 교를 지었다는 점만을 보았던 것입니다.

이번에는 '화령'이란 국호를 살펴보겠습니다. 화령은 함경도 영흥군의 옛 이름으로 이성계의 출생지입니다. 고려가 원나라에 항복한 후 원나라에서 쌍성총관부를 두었으며, 공민왕이 쌍성총관부를 탈환한 후 화주목이 설치되었고, 1369년에는 화령부로 명칭이 변경되었습니다.

화령이 이성계의 출생지라는 점을 제외하면 국호로 채택한 이유는 알려지지 않았습니다. 화령은 지역명에 불과해 국호로서의 정통성이 부족하며, 과거 요동정벌을 불러왔던 철령지역의 이름으로 명나라의 승인이 힘들 것이라는 점을 들어서 조선이라는 국호를 정해 놓고 끼워 넣기로 제시한 것이 아니냐는 주장도 있습니다.

그러나 중국에서도 지역명으로 국호를 정한 경우가 많았었기 때문에 이는 조선으로 국호가 결정되고 나서 만들어진 이야기가 아닌가 싶습니다.

명나라가 화령을 선택하지 않은 이유에 대해서 화령이 원나라의 옛 수도 카라코룸의 한자명인 '화림(和林)'을 연상시키기 때문이라는 설도 있습니다. 화령이 몽골과 관련되어 있다는 설과 관련하여 조선 후기 실학자인 이익이 『성호사설』에서 "설마 오랑캐 놈들 땅 이름으로 국호를 정해 달라고 했겠느냐?"고 언급하였는데, 역시 중화사상에 물든 유학자의 한 사람임을 보여 주고 있습니다.

어쨌든 명나라 황제는 국호를 "조선(朝鮮)"으로 재가하였으며, 이성계는 고려(高麗)란 나라 이름은 없애고 조선(朝鮮)의 국호를 쓰도록 하였습니다.

국호가 조선으로 정해지자, 사대주의 유학자들은 단군조선을 부정하고 기자조선이 우리 역사의 시작이라는 주장을 하기 시작했고 곧 이러한 인식이 자리 잡기 시작했습니다.

정도전은 단군조선이 있었음을 부정하지 않았으며 조선 초까지만 하더라도 단군을 사당에 모셨지만 중화사상과 사대주의가 심화되면서 단군조선은 잊어버리고 기자조선만 더욱 숭앙되었습니다. 심지어 기자조선이 우리 역사의 출발이라고까지 하였습니다. 모든 일이 한번 빗나가면 점점 멀어지게 되어 있는 것입니다.

조선 측에서는 단군조선과 기자조선의 문화와 전통을 동시에 계승한다는 의도였지만, 명나라는 기자조선을 의식하고 조선이라는 국호에 쾌히 동의했다고 하는 이야기도 있습니다. 그러나 이는 우리 스스로를 합리화하기 위한 변명일 뿐입니다.

『조선경국전』에는 단군조선이라는 나라가 있었다는 것만 나와 있지, 조선왕조가 단군조선을 계승한다는 말은 어디에도 없습니다.

조선 말 열강의 침탈이 계속되자 1897년 10월 12일 고종은 원구단에서 천제를 올리고, 황제로 즉위하여 국호를 대한(大韓)으로 한다고 선포했습니다.

국호를 대한으로 정한 내용이 『조선왕조실록』 1897년(고종 34년) 10월 11일에 기록되어 있습니다. 여기에서는 조선이 중국으로부터 기자가 봉해졌을 때의 칭호로서 황제의 나라에서 쓰는 것이 옳지 않다고 하여 제후국과 황제국과의 차이를 확실하게 드러내었습니다.

심순택이 아뢰기를, "우리나라는 기자의 옛날에 봉해진 조선이란 이름을 그대로 칭호로 삼았는데 애당초 합당한 것이 아니었습니다. 지금 나라는 오래되었으나 천명이 새로워졌으니 국호를 정하되 응당 전칙에 부합해야 합니다."하였다.

조병세가 아뢰기를, "천명이 새로워지고 온갖 제도도 다 새로워졌으니, 국호도 역시 새로 정해야 할 것입니다. 지금부터 억만 년 무궁할 터전이 실로 여기에 달려 있습니다." 하였다.

고종이 이르기를, "우리나라는 곧 삼한(三韓)의 땅인데, 국초에 천명을 받고 하나의 나라로 통합되었다. 지금 국호를 대한(大韓)이라고 정한다고 해서 안 될 것이 없다. 또한 매번 각국의 문자를 보면 조선이라고 하지 않고 한(韓)이라 하였다. 세상이 모두 다 대한이라는 칭호를 알고 있을 것이다." 하니,

심순택이 아뢰기를, "요 · 순 · 우 이후부터 국호는 예전 것을 답습한 경우가 아직 없었습니다. 그런데 조선은 바로 기자가 옛날에 봉해졌을 때의 칭호이니, 당당한 황제의 나라로서 그 칭호를 그대로 쓰는

것은 옳지 않습니다. 또한 대한이라는 칭호는 황제의 계통을 이은 나라들을 상고해 보건대 옛것을 답습한 것이 아닙니다. 성상의 분부가 매우 지당하니, 감히 보탤 말이 없습니다." 하였다.

조병세가 아뢰기를, "각 나라의 사람들이 조선을 한이라고 부르는 것은 그 상서로운 조짐이 옛날부터 싹터서 바로 천명이 새로워진 오늘날을 기다렸던 것입니다. 또한 한(韓)자의 변이 조(朝)자의 변과 기이하게도 들어맞으니 우연이 아닙니다. 이것은 만년토록 태평 시대를 열게 될 조짐입니다. 신은 흠앙하여 칭송하는 마음을 금할 수 없습니다." 하였다.

고종이 이르기를, "국호가 이미 정해졌으니, 원구단에 행할 고유제의 제문과 반조문에 모두 대한으로 쓰도록 하라." 하였다.

한(韓)은 중국의 기록을 통해 우리나라에서 쓰던 "한"이라는 발음을 한자를 빌려서 한(韓)이라는 글자로 표기한 것으로 "하나, 하늘, 크다"라는 뜻으로 해석기도 하지만 정확한 의미는 알려져 있지 않습니다.

한(干, 汗, 韓)은 고조선 때의 군장, 삼한시대에 족장이나 임금 등을 부르던 칭호로, 몽골이나 터키어로 왕을 나타내는 칸(汗)과 관련이 있다고 보기도 합니다. 일부에서 환인(桓因), 환웅(桓雄)의 환(桓)과 관련짓기도 합니다. 중국 전국시대 칠웅의 하나인 한(韓)나라와는 관련이 없습니다.

한(韓)은 고대 한반도 남부에 존재하였던 마한, 진한, 변한을 합쳐 부른 삼한에서 따온 것으로 신라가 통일하였을 때도 삼한일통이라 했는데, 조선에서는 고려 때에 이르러 통합하였다고 하였습니다. 고려에서도 삼한일통이라고 하였으니 틀린 말은 아닙니다.

당시 조정대신들은 한(韓)은 이미 중국에서도 조선이 삼한 땅이라는 것을 알고 있어 가장 적당하다고 하였습니다. 그리고 앞에 '대(大)'를 붙인 것은 청나라나 일본이 스스로 대청제국(大淸帝國), 대일본제국(大日本帝國)이라는 국호를 사용한 시기와 일치합니다. 전에도 중국에서는 대명(大明), 대원(大元), 대당(大唐) 등으로 표기하곤 했었습니다.

고종은 우리나라는 곧 삼한(三韓)의 땅이라 하였습니다. 그리고 각국의 문자를 보면 조선이라고 하지 않고 한(韓)이라 하였다는 점을 들어 '한'이라는 명칭을 사용하자고 했습니다. 그러나 삼한이라는 명칭 속에는 고구려의 영토였던 만주지역이나 연해주지역이 포함되어 있지 않습니다. 넓게 보아야 한반도이며, 좁게 보면 한반도 남부지역만을 포함하는 지역입니다.

『후한서』에 조선왕 준이 위만에게 패하여 자신의 무리 수천 명을 거느리고 바다로 도망쳐서 마한을 공격하여 쳐부수고 스스로 한왕(韓王)이 되었다고 기록되어 있는데, 조선의 유학자들은 준왕을 기자의 후손으로 여겼습니다. 실학자 이익과 안정복은 삼한정통론에 입각해서 조선의 정통은 왕위를 찬탈한 위만에게 있는 것이 아니라 한왕이 다스리는 삼한에 있다고 보았던 것입니다.

결과적으로 한(韓)이라는 명칭에는 기자의 후손이라는 주장이 포함되어 있는 것입니다. 대한제국은 기자 중심의 삼한정통론을 받아들인 꼴이 되고 말았습니다. 삼한정통론에 입각한 대한이라는 국호를 가지고 어떻게 만주를 호령하던 고구려를 얘기할 수 있으며, 단군조선을 얘기할 수 있겠습니까? 자주독립국임을 선포한 대한제국의 국호마저도 중화사상과 사대주의를 떨쳐내지 못했다는 사실이 안타깝기만 합니다.

대한제국이 일본에 병합된 1910년 8월 29일, 일본 천황은 칙령을 내려 한국의 국호를 조선으로 칭한다고 발표했습니다. 이는 자신들이 대한제국을 자주독립국임을 승인해 놓고, 이제 다시 자신의 속국으로 병합한 데 따른 비난을 모면하기 위한 술책이었다고 판단됩니다. 이에 따라 황제는 왕으로 격하되었고, 조선총독부가 이 나라를 통치하게 되었습니다.

3 · 1운동 이후 1919년 4월 10일 상해임시정부에서 정부의 정체성을 민주주의로 채택하고 민주주의국가라는 의미로 대한제국에서 대한민국으로 결정하였습니다. 이때도 '대한'과 '조선'이라는 국호를 두고 열띤 논쟁이 있었다고 합니다.

그리고 일제강점기를 벗어나 1948년 8월 15일 남한 단독정부 수립 시 제헌국회에서 국호를 대한민국으로 결정하였습니다.

이름을 짓는 것은 어렵습니다. 가정에서 아이의 이름을 지을 때도 그렇고, 상품의 이름을 지을 때도 그렇습니다. 수많은 의미를 생각하고 다듬어 이름을 짓는 것입니다. 국가의 이름을 짓는 것은 더 말할 필요도 없습니다.

우리의 국호가 너무 쉽게 결정되었다고 생각됩니다. 우리나라의 역사적 정통성을 살리고 자주성을 나타낼 수 있는 이름으로 결정되었다면 얼마나 좋았을까 하는 마음입니다.

· 우리의 뿌리를 찾아서

나라 이름은 그 나라의 백성들을 가리키기도 합니다. 고려에 살던 백성들은 고려인이고, 조선에 살던 백성들은 조선인입니다. 마찬가지로 대한제국시대는 대한인이며, 당연히 지금은 한국인입니다.

그런데 우리는 지금 한국인과 조선인, 그리고 고려인이 같은 시대를 살고 있습니다. 사는 곳은 다르지만 그렇다고 국적을 나타내는 것도 아닙니다.

얼마 전 TV에서 구소련 시절 연해주에서 중앙아시아로 강제 이주된 우리 동포들이 우즈베키스탄에 정착해 살고 있는 다큐멘터리를 보았습니다. 그들은 자신들을 고려인이라 합니다. 또 윤동주가 나고 자란 연변에서는 조선족이라 하고 있습니다.

이들은 모두 일제 강점기 때 저마다 살길을 찾아 이 땅을 떠나 만주로, 연해주로 간 사람들이었습니다. 불과 100년도 안 된 시간입니다. 그런데 지금은 완전히 남남처럼 흩어졌고, 같은 동포를 부르는 호칭까지 달라졌습니다.

현재 대한민국의 영문 표기는 'The Republic of Korea'입니다. 그대로 번역하면 '고려공화국'이 됩니다. 그리고 한국인은 Korean, 즉 고려인이 됩니다. 또 북한의 국호는 '조선인민공화국'입니다. 북한 주민들은 조선인인 것입니다.

한국과 고려, 조선이 섞여 있습니다. 우리가 과연 한국인인지, 조선인인지, 고려인인지 되묻지 않을 수 없습니다.

애국가 1절 가사입니다. 애국가의 작사자는 그동안 윤치호로 알려져 있는데, 얼마 전엔 안창호라는 주장이 제기되었고, 지금까지 공식적으로 작자 미상으로 되어 있습니다.

동해물과 백두산이 마르고 닳도록
하느님이 보우하사 우리나라 만세
무궁화 삼천리 화려강산
대한 사람 대한으로 길이 보전하세

여기서 '삼천리강산'은 한반도를 뜻하며, '대한 사람'은 대한제국의 신민을 나타낸다고 봅니다. 애국가는 과거 고구려 영토였던 만주와 연해주를 잊었습니다. 또 대한 사람이라 하여 조선 사람이나 고려 사람은 제외되었습니다.

대한제국은 불과 13년 만에 역사에서 그 자취를 감추고 말았습니다. 대한제국이라는 국호는 조정관료 또는 소수의 지식인들만 알았을 뿐입니다. 백성들이 보기에는 아무것도 달라진 게 없었으니, 자신들은 여전히 조선 사람으로 알고 있었다는 뜻입니다. 애국가 작사자가 노랫말을 지으면서 대한제국의 부활을 염원했는지 알 수 없지만, 일제 강점기 살길을 찾아 이 땅을 떠났던 수많은 사람들은 자신들이 대한 사람인지 조선 사람인지도 모른 채 만주에서는 조선인으로, 연해주에서는 고려인으로 살아갔습니다.

이렇게 다른 이름으로 부르는 우리 동포를 하나로 통합하기 위해서는 민족이라는 보다 큰 단위가 필요합니다. 민족이란 "일정한 지역에서 오랜 세월 동안 공동생활을 하면서 언어와 문화상의 공통성에 기초하여 역사적으로 형성된 사회집단"으로서 인종이나 국가단위인 국민과 일치하는 것은 아닙니다.

신채호는 『조선상고사』를 집필하면서 조선민족을 아(我)의 단위로 잡고 흉노, 선비, 몽고를 아에서 분리되었다고 하였습니다. 조선민족을 광범위하게 규정한 것입니다. 그러나 지금 우리는 조선민족이라는 말을 쓰지 않고 '한민족' 또는 '배달민족'이라고 부르고 있습니다. '고려민족'이라는 호칭도 들어 보지 못한 것 같습니다.

한민족은 대한 사람에서 유래한 것 같습니다. 그런데 민족주의적 사고인지 모르겠지만 한민족이라 하면 삼한이나 조선만을 떠올리게 되어 고조선이나 고구려가 잊힌 것이 아닌가 생각됩니다. 단군을 우리의 뿌리라 한다면 한민족이라는 호칭으로는 무언가 부족한 것 같습니다.

그러면 '배달민족'은 어디서 유래한 것일까요? '배달'을 국어사전에서 찾아보면 "우리나라의 상고시대 이름. 한자를 빌려 배달(倍達)로 적기도 한다."고 나와 있습니다. 그러나 그 어원은 확실하지 않다고 합니다.

배달민족이라는 호칭은 일제강점기 때 주로 단군 또는 고조선을 가리키는 용어로 사용되었다고 하니, 일제의 식민지배 하에서 우리의 민족적 자각을 일깨우기 위한 노력의 하나였을 것으로 생각합니다.

우리말 배달의 어원에 대한 주장을 살펴보면, 『규원사화』에서는 단(檀), 즉 박달나무를 의미한다고 보고 있으며, 이는 가장 널리 알려져 있습니다. 그러나 여기에서는 박달을 국가 이름이 아닌 단군의 단을 의미하는 것으로 보고 있습니다.

대종교의 「단군교포명서」는 배달을 '조광(祖光)'을 뜻하는 조선의 원래 명칭이라고 보고 있습니다. 또, 최남선은 1918년 계고차존에서 박달의 어원으로 보고 있으나 그 본래 의미는 백산이라는 지명으로 보았습니다.

안호상은 1964년 배달의 종교와 철학과 역사에서 박달 · 배달을 두고 '밝달'이라는 표현을 사용하였으며, '한밝산'이라는 지명을 말하는 것이라고 보았습니다. 그리고 임승국은 『한단고기』에서 환(桓), 단(檀), 조선, 아사달(阿斯達), 한 (韓) 등을 같은 의미로 보고 밝은 땅(밝달)이 박달, 백달, 배달의 어원이라고 보았습니다.

이들 주장을 종합해 보면, 배달은 단군조선을 의미하는 것 같습니다. 우리가 단군조선을 이은 적통이라고 주장한다면, 한민족보다는 '배달민족'이나 '조선민족'이라는 호칭이 세계 여러 곳에 흩어져 같은 시대를 살고 있는 동포들을 하나로 묶을 수 있는 호칭이라고 생각합니다.

6

'양반과 상민' 그 왜곡된 구조

조선왕조는 신분제를 기반으로 운영되었던 사회였습니다. 조선 초기에는 양천제를 기반으로 하여 천민을 제외한 양인들에게 역(役)과 세(稅)를 부담하게 했습니다. 그러나 점차 양인은 양반, 중인, 상민으로 세분화되었고, 천민 역시 노비와 백정으로 세분화되었습니다. 그러던 것이 조선 후기로 가면서 양천제 대신 반상제, 곧 양반과 상민으로 나뉘었습니다.

조선시대 각각의 신분은 직업에 상당한 제약이 있었습니다. 천민은 과거에 응시할 수 없었으며, 중인의 경우는 대개 역관이나 하급관리를 위한 제술과, 기술직을 위한 잡과 등에 응시할 수 있었습니다.

우리가 알고 있는 사농공상(士農工商)은 공식적인 신분계급이 아니었습니다.

중국과 일본에서는 사민(四民)이라 하였습니다. 중국에서 사민이라는 표현은 특별한 신분제도가 아니라 직업을 나눈 데 불과하였습니다. 사민은 그냥 백성이란 뜻입니다. 요즘으로 보면 1차 산업, 2차 산업, 3차 산업으로 분류한 것일 뿐입니다. 또 중국은 장사에 대한 거부감이 별로 없었습니다. 상인이란 "상나라(은나라) 사람"이란 뜻인데, 주나라가 상나라를 멸망시킨 뒤에 흩어진 상나라 백성들이 장사를 해서 먹고살았다는 데서 유래했다고 합니다.

그러나 조선에서의 사농공상은 점차 순서 그대로 신분계급으로 바뀌어 갔습니다. 벼슬하는 사람을 가장 고귀하게 생각했으며, 생활에 꼭 필요한 식량을 생산하는 농민들이 그 뒤를 이었습니다. 그리고 우리네 생활에 쓸모 있는 도구를 만드는 공장(匠人)이 그 뒤를 이었으며, 아무것도 만들지 않으면서 물건을 팔아 이득을 내는 상인들을 제일 낮게 취급하였습니다.

그러나 당시 현실을 보면 사만 양반이었고, 농 · 공 · 상은 양인이었기 때문에 이들의 차이는 얼마 나지 않았습니다.

양반(兩班)이란 문반과 무반을 총칭하던 말로, 이들은 농 · 공 · 상에 종사하지 않고 유학만을 공부하여 과거를 거쳐 고급관직으로 승진할 수 있는 특권을 가졌으며, 관료가 되면 토지와 녹봉 등을 국가에서 받게 되므로 지주계급을 형성하기도 하였습니다.

이들 양반 가운데 공신들과 고위관료들은 여러 가지 명목으로 지급된 토지를 점점 세습 · 사유함으로써 대지주가 되었으며, 이러한 경제적 기반을 토대로 권문세족을 형성하기도 하였습니다. 같은 양반이라도 문반은 무반보다 우위를 차지하고 있었으며, 양반의 서얼출신자에게 문과는 응시 자격을 주지 않았으나 무과에는 응시할 수 있었으므로 적서의 차별과 문무의 차별이 굳어졌습니다.

중인(中人)은 외국어, 의학, 천문학, 법률학 등 특수기술을 익혀 세습하였습니다. 중인과 서얼 출신자를 합하여 '중서'라고 해서 양반 이외에 관료가 될 수 있는 계급이었지만 고위직에는 오를 수가 없었으므로 대부분 낮은 관직에 머물고 있었습니다.

이들보다 하위의 신분층으로 이서(吏胥), 역리, 군교 등이 있었는데, 말단 행정사무를 담당하여 직접 평민을 지배하는 실권을 쥐고 있어 사회적으로 하나의 큰 세력을 형성하고 있었습니다.

상민(常民)은 농 · 공 · 상에 종사하는 사람을 말하지만 대부분은 농민이었습니다. 이들은 국가에 대하여 조세(租稅)와 공부(貢賦) · 군역(軍役) 등 각종 의무를 부담하였는데, 지방관이나 향리 등의 착취 대상이 되어 그 생활은 점점 악화되었습니다.

이들은 양반 관리들의 수탈에 시달리다 못해 집을 떠나 유랑하기도 하고, 도적이 되기도 하였으며, 조선 말에는 민란을 일으키는 주역이 되기도 하였습니다.

천민(賤民) 중 노비는 양반이나 중인이 거느리던 백성으로, 일종의 재산으로 간주되어 매매나 상속의 대상이 되었습니다. 노비는 크게 공천과 사천으로 구분되었습니다. 이 밖에 창기나 무당, 광대 등도 천민에 속하였으며, 불교의 몰락과 함께 승려도 천민의 대우를 받았습니다. 천민 중에서도 가장 천대를 받은 신분층은 백정이었습니다. 이들은 인간 이하의 대우를 받았으며, 특수부락을 이루어 일반인과도 격리되어 생활하였습니다.

조선 후기에는 전통적인 신분계급 구조에 새로운 변화가 생겨 양인과 노비의 엄격한 차별을 특징으로 하는 양천제가 무너지고 양반(士族)과 상민[平民과 奴婢]이 대칭되는 계급구조가 형성되었습니다. 이른바 반상(班常)의 구별입니다. 그러나 양천제가 법에 따라 규제되는 신분제라면, 반상구조는 사회관행으로 형성된 것이어서 구속력이 약하고 서로 간의 이동이 활발하였습니다.

조선의 전통적 신분제는 왜란과 호란을 거치면서 급속하게 무너졌습니다. 노비 스스로 도망하여 신분을 해방시키기도 하고, 국가에서는 군역대상자와 국가재정을 보충하기 위해 노비를 단계적으로 해방시키기도 하였습니다. 조선 말에는 노비인구를 줄이기 위해 노비종모법을 시행하였고, 1894년 갑오경장 때에는 공노비를 해방시키고 사노비도 세습제가 폐지되어 노비제는 종말을 고하게 되었습니다.

신분제가 붕괴되면서 나타난 반상구조는 양반의 계급구조를 복잡하게 만들었습니다. 조선 초에는 문무의 관직을 가진 사람을 양반이라 하였으나, 조선 말에는 이러한 객관적인 기준이 없었습니다. 따라서 관직을 가진 사람은 물론 명성이 높은 학자나 유생 그리고 벼슬아치들의 친족들을 모두 양반이라 하였으며, 이들은 족보를 만들어 가문 전체가 양반으로 행세하였습니다. 상민 중에서도 신분을 속이고 양반 행세를 하는 가짜 양반이 많아져서 19세기에 들어서면 전체 주민의 반 이상이 양반 행세를 하였습니다.

· 양반 관료들의 횡포와 수탈

조선왕조는 왕을 정점으로 하는 중앙집권적 통치체제로서 왕과 양반 관료층이 권력을 행사했습니다. 조선왕조는 신권이 강한 나라였습니다. 명분상 왕은 절대 권력의 소유자였지만, 여러 형태로 양반 관료층의 견제와 간섭을 받았습니다.

지방에는 왕권의 대리자로서 지방관이 중앙에서 파견되어 통치하였습니다. 지방의 통치도 중앙과 마찬가지로 양반관료의 권익을 옹호하고 유지하기 위한 장치로서 기능하였습니다.

조선왕조가 비록 중앙집권 체제라 하나 왕권이 지방의 하부 단위까지 미치는 데는 한계가 있었습니다. 그러다 보니 향촌에 거주하는 양반들은 사림세력을 형성하여 향약과 서원을 통해 향촌사회를 지배하였습니다. 이들은 지방수령과 결탁하여 백성을 수탈하는 한편, 조정의 권신들과도 부패의 고리를 형성하여 부를 축적해 나갔습니다.

조선 초기에는 농민이 경작하는 모든 토지를 나라에서 관리하는 공전제도로 토지정책을 운영하였습니다. 국유화된 토지(과전)를 모든 관리에게 재분배하고, 이 재분배된 토지에서는 이른바 병작반수(竝作半收)를 금지하여 사적 지주제도의 발달을 억제하였습니다. 그러나 과전법에서도 차경(借耕)은 허용되고 있었기 때문에 언제라도 병작반수가 확산될 가능성은 있었습니다. 실제로 양반관료와 지주층의 토지 소유는 확대되어 갔으며, 이에 따라 조정에서도 사적 토지매매를 허용할 수밖에 없었습니다. 또 인구가 증가하기 시작한 15세기에는 시비법과 제초법 등 새로운 농법이 개발되고 수리시설이 발달함에 따라 새로운 농지 개발이 활발하게 이루어졌습니다. 무엇보다도 간척에 성공하면 간척지에 대한 소유권을 인정해 주었기 때문에 권문세족들은 앞다투어 간척지 개발에 나섰습니다. 이에 따라 왕실과 중앙관료는 물론 향촌에 거주하는 양반과 향리 등도 개간과 매입 등을 통해 토지 소유를 확대해 나갔습니다.

이러한 지주계급의 발달은 농민들에 대한 수탈로 이어졌습니다. 장인이나 상인은 비교적 땅으로부터 자유롭기 때문에 농민보다 관리가 어려우며, 수탈하더라도 일회성으로 그칠 가능성이 크지만 농민은 토지를 매개로 지속적인 수탈이 가능하였기 때문입니다.

조선사회는 본업(本業, 농업)을 중시하고 말업(末業, 상공업)을 억제하였습니다. 그렇지만 생필품의 거래는 삶에서 필수적인 것입니다. 자연히 장터와 상인의 역할이 필요했습니다. 시전상인들은 상권을 독점하기 위해 길거리 장사인 난전을 금지하는 금난전권(禁難廛權)을 빌미로 온갖 행패를 부렸습니다. 상인들은 백성들의 생활을 파탄으로 몰고 가는 데도 한몫했습니다. 백성들이 나라에 공물을 바치는 방납(防納)제도를 이용해 폭리를 취한 것입니다.

본래 공물은 고을 수령이 백성들로부터 거둬들여 나라에 바쳤는데, 권세가를 등에 업은 상인들이 수령 대신 이 일을 한 것입니다. 그들은 먼저 나라에 공물을 바친 다음 그 값을 높여 백성들로부터 받아내었습니다.

상인을 천시하는 풍조의 이면에는 상인에 대한 경계심이 존재합니다. 상인들은 농민보다 통제와 관리가 어렵습니다. 또한 단시간에 이익을 창출하는 상행위를 통해 부를 축적할 수 있는 상인들이 거래하는 고가품의 최종 소비자는 결국 지배층이었고, 이는 상인과 지배층의 축재가 밀접하게 연결되는 결과를 낳게 됩니다. 지배층의 소비, 특히 거래를 금지한 사치품목에 대한 소비는 종종 법을 어길 수밖에 없는 경로와 대상을 통해 구입하게 되고, 그러한 소비를 통해 드러나는 지배층의 치부를 상인들은 공유할 수 있었던 것입니다.

따라서 지배층과 일정 부분 공생하는 관계라고도 할 수 있는 상인들은 경계대상이 되었습니다. 이는 지배층의 권위를 유지하기 위한 노력을 역으로 보여 주는 것이라 할 수 있습니다. 지배층의 생산과 연결되어 지배계층의 이익과 부합되는 계층이 농민이었다면, 상인들은 지배층의 소비와 관련되어 겉으로 드러나지 않는 공생관계였습니다.

박지원의 소설 『양반전』은 가난한 양반이 부자 상인에게 양반 신분을 팔자, 고을 군수가 양반에 대해 설명하는 이야기입니다. 조선시대 성리학을 익혀 유교적 덕목을 강조하던 양반층이 백성들 위에 군림하면서 온갖 부조리한 행태를 일삼는 모습이 적나라하게 묘사되어 있습니다.

하늘이 이 백성을 낼 때, 네 종류의 백성을 만들었다. 이 네 가지 백성 중에 가장 귀한 것이 선비요, 이것을 양반이라 하는데 이보다 더 좋은 것은 없다.

농사도 짓지 않고 장사도 하지 않아도 된다. 글만 조금 하면 크게는 문과로 나가게 되고 작아도 진사는 된다. 문과의 홍패라는 것은 크기가 두 자도 못되지만 여기에는 백가지 물건이 갖추어져 있는데 이것을 돈 자루라고 부른다.

진사는 나이 삼십에 초사를 해도 이름이 나고 딴 모든 벼슬도 할 수가 있다. 귀밑머리는 일산 바람에 희어지고, 배는 종놈들의 '예!' 하는 소리에 불러진다. 방에는 기생이나 앉혀 두고 뜰에 서 있는 나무에는 학을 친다.

궁한 선비가 되어 시골에 살아도 자기 맘대로 할 수가 있으니, 이웃집 소를 가져다가 자기 밭 먼저 갈고, 마을 사람을 불러다가 내 밭 먼저 김매게 한다.

이렇게 해도 누구도 욕하지 못한다. 잡아다가 잿물을 코에 들이붓고 상투를 잡아매어 벌을 준대도 아무도 원망하지 못한다.

이것이 조선시대 양반의 참모습인 것입니다. 조선 후기 다산 정약용은 지방수령들의 폭정을 비판하면서 『목민심서』를 저술하여 지방수령이 지켜야 할 지침을 밝혔습니다.

· 조선의 3대 도적

조선시대에는 많은 도적이 있었습니다. 『조선왕조실록』은 도적이 들끓는 이유에 대해 재상이 청렴하지 못하고 지방수령의 가렴주구가 백성들을 괴롭혔기 때문이라고 밝히고 있습니다. 즉, 양반관료들의 수탈에 시달려 백성들이 집을 떠나 떠돌다가 결국은 도적으로 전락하게 되었다는 것입니다. 조선 후기 실학자인 이익의『성호사설』에 등장하는 홍길동과 임꺽정, 장길산은『조선왕조실록』에도 나오는 인물들입니다. 그들은 탐관오리를 징벌하고 백성들을 돕는다고 알려져 있는데, 실록에는 전혀 그렇지 않습니다. 그러나 그만큼 당시의 백성들이 양반관료들의 가혹한 수탈에 시달렸음을 의미하는 것이기도 합니다.

이들 외에 일지매라는 도적이 있었다고 하지만 실록에는 보이지 않습니다. 아마 가공인물인 것 같습니다.

연산군 때 활동했다고 기록된 홍길동은 허균의 소설로 잘 알려진 인물입니다. 소설 속의 홍길동과 실록에 나오는 홍길동은 같은 인물일까요?

연산군 무렵에 활동했던 도적 홍길동에게서 이름을 따오고, 임꺽정의 모습에서 의적의 모습을 그리고, 서얼 출신의 이몽학이 난을 일으킨 사실을 가지고 소설을 썼다고 주장하기도 합니다. 또는 중국의『수호지』를 모델로 썼다고도 합니다.

『조선왕조실록』 1500년(연산군 6년) 10월 22일에 홍길동이라는 이름이 처음 등장합니다.

영의정 한치형 · 좌의정 성준 · 우의정 이극균이 아뢰기를,

“듣건대, 강도 홍길동(洪吉同)을 잡았다 하니 기쁨을 견딜 수 없습니다. 백성을 위하여 해독을 제거하는 일이 이보다 큰 것이 없으니, 청컨대 이 시기에 그 무리들을 다 잡도록 하소서.” 하니, 왕이 그대로 좇았다.

그런데 이상하게도 홍길동을 강도라 하면서 홍길동이 어떤 범죄를 저질렀는지에 대한 내용이 없습니다. 또 언제 어디서 누가 잡았는지에 대한 기록도 없습니다. 그로부터 며칠이 지난 10월 28일 홍길동의 일당으로 엄귀손을 잡았는데, 엄귀손은 벼슬이 당상관에까지 올랐던 인물입니다.

의금부에서 "엄귀손은 죄가 마땅히 곤장 1백 대를 때려 3천 리 밖으로 유배하고 고신을 모두 회수해야 되겠습니다." 하니, 왕은 정승들에게 의논하도록 하였으나 서로 의견이 달랐습니다. 의금부의 조서가 무언가 부족하거나 사실이 명확하지 않았던 것 같습니다.

그러나 그로부터 며칠 지난 11월 6일, 정승들은 국문을 하자고 주장하였습니다. 그 이유는 엄귀손이 과거에 잘못한 사실이 여럿 있었고, 특히 서울과 지방에 집을 사 두고 곡식을 3~4천 석이나 가지고 있는 등 갑자기 부유해진 것이 수상하다는 것이었습니다. 즉, 엄귀손이 홍길동과 한 패라는 것입니다. 이것이 사실이라면 홍길동은 당시 조정 권력자들과 결탁되어 있었고, 그 때문에 홍길동을 쉽게 잡지 못했던 것이라 할 수 있습니다. 홍길동이 양반관리의 복장으로 활동했다는 것도 설명이 가능합니다.

왕이 엄귀손이 어떻게 당상관까지 되었느냐고 묻자, 신하들은 군공이 있었기 때문이라고 답하였으나, 왕은 엄귀손이 당상관에 오른 것에 의혹을 가지고 있었다고 보입니다. 조정 당상관까지 도적과 한 패였으니 왕이 의심하지 않을 수 없었을 것입니다.

그로부터 한 달이 지난 1500년 12월 29일 홍길동을 고발하지 않은 권농이나 이정들, 유향소의 품관들을 징계하였다는 기록이 있습니다.

홍길동을 국문하는 과정에서 관리들이 할 일을 소홀히 하는 바람에 홍길동을 잡을 수 있었던 기회를 놓친 사실이 드러난 것이었습니다.

그런데 이상한 점은 조정은 홍길동을 검거한 후 여러 차례에 걸쳐 사건기록을 남겼으면서도 정작 홍길동에 대해서는 어떻게 처리되었는지에 대한 기록이 없다는 것입니다. 홍길동이 잡힌 지 23년이 지난 1523년(중종 18년) 2월 10일의 기록에 남권과 이유청 등이 도적들 처리를 말하는 대목에서 "지난번 경신 · 신유 연간에 있었던 홍길동의 옥사를 참고할 만합니다."라고 짤막하게 나타날 뿐입니다.

실록에 기록될 만큼 세상을 어지럽힌 홍길동이 죽었는지 여부에 대하여 아무런 기록을 남기지 않은 이유가 궁금합니다. 또 홍길동에 대한 옥사를 경신년(1500년)이나 신유년(1501년) 연간으로 모호하게 기록되어 있는 것도 의문이 갑니다.

다만, 홍길동을 잡은 후에도 그 수습이 매우 어려웠다는 정황은 10년이 지난 중종 때의 다음 기록으로 알 수 있습니다. 이 기록은 홍길동이 검거된 뒤에도 그 잔당들이 활동을 계속하였다는 것을 간접적으로 말해 주고 있습니다. 1513년(중종 8년) 8월 29일 호조에서 홍길동 무리의 도적질로 인하여 세를 거두기 어렵다는 보고를 올렸습니다.

요사이 흉년이 잇따라, 양전할 기한이 이미 지났는데도 하지 않은 지 오래입니다. 대저 양전하는 일은 1~2년 동안에 해낼 수는 없습니다. 경기는 인가를 철거한 뒤로 절호가 매우 많고, 충청도는 홍길동이 도둑질한 뒤로 유망이 또한 회복되지 못하여 양전을 오래도록 하지 않았으므로 세를 거두기가 실로 어려우니, 금년에 먼저 이 두 지방의 전지를 측량하소서.

이는 홍길동 일당들을 잡아들이는 과정에서 무고한 백성들까지 잡아들이게 되자 백성들이 도망쳐 집으로 돌아가지 않고 떠돌고 있었기 때문일 것입니다. 홍길동이 잡힌 지 13년이나 지났음에도 양전이 이루어지지 않아 새로이 측량을 해야 할 정도로 많은 농민이 도망하거나 이주한 결과였습니다. 그만큼 홍길동과 관련된 사건의 범위나 규모가 매우 커서 그의 무리들을 잡은 후에도 수습이 어려울 만큼 후유증이 심했음을 알 수 있습니다.

또 1530년(중종 25년) 12월 28일에는 홍길동이 당상의 의장을 갖추었듯이 당시 잡힌 순석 등의 도둑들도 옥관자를 갖추고 있었다는 기록이 있습니다. 홍길동의 활약상이 도둑들에게 많은 영향을 끼쳤음을 의미합니다. 이때에도 도둑들을 추문하는 과정에서 자신들의 일에 가담하였다고 사람들을 자백하였는데, 그중 상당수가 무고로 밝혀짐으로써 경기 군읍의 백성들이 처소를 잃고 떠돌게 해서는 안 된다는 말까지 나오게 되었습니다.

이번에는 명종 때의 임꺽정에 대해서 알아보겠습니다. 임꺽정은 홍명희의 소설로서 많이 알려져 있습니다.

『조선왕조실록』 1559년(명종 14년) 3월 27일 기록입니다.

요사이 도적들이 본부의 성 주변에 몰려들어 주민을 살해하는 일이 매우 많은데도, 사람들은 보복이 두려워 감히 고발하지 못하고, 관리들은 비록 보고 듣는 바가 있어도 매복을 시켜 잡을 계획을 세우지 못한다 합니다.

지난날 임꺽정(林巨叱正)을 추적할 즈음에 패두의 말을 듣지 않고 군사 20여 명만을 주어 초라하고 서툴게 움직이다가 마침내 패두가 살해당하게 되었는가 하면, 바로 뒤를 이어 적을 끝까지 추격하지 않았다가 끝내 적들이 멋대로 날뛰게 하였으니, 매우 놀라운 일입니다.

기록을 보면 임꺽정은 조정에서도 이미 잘 알고 있던 도적으로 임꺽정은 일개 도적임에도 불구하고 관아를 습격하고 토벌에 나선 패두까지 살해하는 등 공권력에 맞선 것입니다. 게다가 임꺽정은 상인, 농민은 물론 아전까지 호응을 받아 그 세력이 점점 커졌기 때문에 지방관아는 물론 조정에서도 보고만 있을 수 없게 되었던 것입니다.

기록을 보면 임꺽정 외에도 많은 도적들이 있었습니다. 그러나 백성들은 보복이 두려워 고발하지 못하고, 관리들은 이들을 잡을 계획을 세우지 못하고 있었던 것입니다. 왜 이렇게 도적이 많았던 것일까요? 같은 날 기록에 사관의 의견이 나와 있습니다.

도적이 성행하는 것은 수령의 가렴주구 탓이며, 수령의 가렴주구는 재상이 청렴하지 못한 탓이다. 지금 재상들의 탐오가 풍습을 이루어 한이 없기 때문에 수령은 백성의 고혈을 짜내어 권력 있는 자를 섬기고 돼지와 닭을 마구 잡는 등 못하는 짓이 없다. 그런데도 곤궁한 백성들은 하소연할 곳이 없으니, 도적이 되지 않으면 살아갈 길이 없는 형편이다. 그러므로 너도나도 스스로 죽음의 구덩이에 몸을 던져 요행과 겁탈을 일삼으니, 이것이 어찌 백성의 본성이겠는가? 진실로 조정이 청명하여 재물만을 좋아하는 마음이 없고, 수령을 모두 공(龔)과 황(黃)과 같은 사람을 가려 뽑아서 차임한다면, 검을 잡은 도적이 송아지를 사서 농촌으로 돌아갈 것이다.

어찌 이토록 심하게 기탄없이 살생을 하겠는가. 그렇게 하지 않고, 군사를 거느리고 추적 포착하기만 하려 한다면 아마 포착하는 대로 또 뒤따라 일어나, 장차 다 포착하지 못할 지경에 이르게 될 것이다.

한마디로 수령과 재상이 청렴하지 못한 것이었습니다. 이때는 명종의 외척 윤원형이 문정왕후를 믿고 권세를 부리던 시절이었습니다. 조정이 온통 부정과 부패로 얼룩져 있었고 백성들은 학정과 수탈에 시달리며 고통을 견뎌야 했습니다. 거기에다 몇 년째 흉년이 계속되어 거지가 늘어나고 도적 떼가 들끓었으며 남쪽에서는 왜구가 침입하여 민가를 불 지르고 약탈을 자행하는 등 민심이 흉흉해져 있었습니다. 그야말로 아수라장이었던 것입니다.

그렇다면 임꺽정은 왜 도적이 되었을까요? 임꺽정이 도적 활동을 시작한 곳이 황해도 봉산입니다. 1553년(명종 8년) 8월 14일 『조선왕조실록』에 봉산지역 백성들이 권세가들의 착취를 견디다 못해 조정에 상소한 내용이 나옵니다.

"황해도는 바로 사신이 왕래하는 길목으로 백성들이 숙식을 접대하는 비용이 다른 도의 열배나 되니, 그 이용 후생의 방도를 시급히 강구해야 할 것입니다. 황주 · 안악 · 봉산 · 재령은 땅이 바다에 인접하였으며, 토지 또한 염분이 많고 저습하여 농사를 짓기 어렵고 오직 갈대만이 무성합니다. 그러므로 이곳에 사는 백성들이 갈대밭이라 하면서 삿갓과 삿자리를 만들어 살아가면서 유리를 면하여 온 지가 오래되었습니다. 그런데 몇 년 전부터 권세가들이 묵은땅이라고 칭탁하여 입안을 하고는 이곳에서 생산되는 갈대를 가지고 도리어 그곳 백성들에게 팔아서 많은 이익을 얻습니다. 그곳 백성들은 앉아서 생업을 잃어 간혹 유리하기까지 하니 매우 불쌍합니다. 호조에 명하여 그 입안을 환수해서 생업을 잃은 백성들로 하여금 이익을 함께하도록 하소서." 이에 대하여 명종은 "입안의 허실을 호조에 물어서 환수하도록 하라."고 지시했다.

즉, 권세가들이 땅을 빼앗아 백성들에게 갈대를 팔고 있어 백성들이 생업을 잃어 고통이 심하니 그 땅을 환수하도록 지시한 것입니다. 그런데 1556년(명종 11년) 1월 14일 기록에는 다른 내용이 나옵니다.

"황해도 황주 · 봉산 · 재령 · 안악은 토지가 소금기가 많은 습지라서 갈대만이 무성한데, 주민들이 그것을 채취하여 이를 바탕으로 살아온 지가 이미 오래되었습니다. 그러므로 지난 계축년에 간원이 빈민에게 돌려줄 것을 논계하여 이미 윤허를 받았습니다. 그러니 비록 내수사에 소속시키라는 명이 있었다 하더라도 해당 관청의 관원은 공론에 의거하여 고집을 했어야 마땅합니다. 그런데 범연히 처리하여 국가로 하여금 백성과 이익을 다툰다는 말을 듣게 하였으니 매우 잘못되었습니다. 요즘 봉산 주민 80여 명이 살아갈 길이 없다고 답답한 사정을 호소하였으니, 과연 불쌍합니다. 전일 간원이 아뢴 대로 내수사에 소속시키지 말고 백성에게 이익을 취하도록 허락하소서. … " 하니, "봉산 등 고을의 갈대밭은 내수사에 귀속시키는 것이 옳겠기에 이미 귀속시키도록 하였다."며 윤허하지 않았다.

백성들에게 돌려주어야 할 갈대밭이 왕실의 재정을 담당하는 내수사에 귀속되었다는 것입니다. 왕실이 백성들의 땅을 빼앗은 것이었습니다. 결국 왕실과 양반들의 횡포로 삶의 터전을 빼앗긴 임꺽정은 뜻을 같이하는 사람들과 산으로 들어가 도적이 되었던 것입니다.

장길산은 조선 숙종 때의 도적입니다. 『조선왕조실록』에 기록된 장길산 관련 기사는 2건이 있습니다.

하나는 1692년(숙종 18년) 12월 13일 기록으로 양덕 땅에 숨어 있는 도적의 괴수 장길산을 잡으려 하였으나 놓치게 되어 그 고을 현감을 좌천시켰다는 것입니다.

다른 하나는 1697년(숙종 23년) 2월 16일 기록으로 이익화, 장영우 등의 반역모의와 관련하여 이들이 장길산과 연루되어 있다고 주장한 부분입니다. 이날 숙종은 다음과 같이 지시하였습니다.

장길산은 날래고 사납기가 견줄 데가 없다. 여러 도로 왕래하여 그 무리들이 번성한데, 벌써 10년이 지났으나, 아직 잡지 못하고 있다.

지난번 양덕에서 군사를 징발하여 체포하려고 포위하였지만 끝내 잡지 못하였으니, 역시 그 음흉함을 알 만하다. 지금 이영창의 초사를 관찰하니, 더욱 통탄스럽다. 여러 도에 은밀히 일러서 있는 곳을 상세하게 정탐하게 하고, 별도로 군사를 징발해서 체포하여 뒷날의 근심을 없애는 것도 의논하여 아뢰도록 하라.

『조선왕조실록』은 장길산이 도적 무리의 우두머리였고, 일부 반역에도 연루되어 있는 것으로 기록하고 있으나, 장길산의 검거 기록이 없는 것으로 보아 장길산은 체포되지 않은 것으로 보입니다.

이들 도적들이 활동하던 때는 공통적으로 국정이 혼란에 빠지고 지방수령들의 폭정과 수탈이 성행한 시기입니다. 부정과 부패를 막을 수 있는 사회시스템이 작동하지 않으면 백성들이 어떻게 변하게 되는지를 알려 주고 있습니다.

7

가슴에만 남아 있는 '선비정신'

오백 년 도읍지를 필마로 돌아드니
산천은 의구(依舊)한데 인걸(人傑)은 간데없다.
어즈버 태평연월(太平烟月)이 꿈이런가 하노라.

고려 말 삼은(三隱)의 한 사람인 야은(冶隱) 길재(吉再)의 「회고가(懷古歌)」입니다. 이 시조는 고려 멸망을 제재로 하여 고려왕조에 대한 회고의 정과 인생무상을 회고적 · 감상적 어조로 노래한 서정시입니다.

길재는 1389년 창왕 때 문하주서에 임명되었다가 1390년 어머니를 봉양한다는 이유로 사직하였고, 이후 여러 차례 부름을 받았지만 모두 거절하였습니다. 우왕의 죽음을 듣고 상복을 입은 채 3년을 지내면서 어머니를 정성스럽게 봉양하였습니다.

조선왕조가 들어선 후 1400년(정종 2년) 7월 당시 실질적으로 권력을 쥐고 있던 이방원의 천거로 봉상박사(奉常博士)에 임명되었으나,

"여자는 두 남편이 없고, 신하는 두 임금이 없다."고 하며 이를 거부했습니다.

이에 대하여 사관이 평하기를 "옛 임금을 위하여 절의를 지켜, 공명을 뜬구름 같이 여기고, 작록을 헌신짝 같이 보아, 초야에서 몸을 마치려 하였으니, 충렬한 선비다."라 하였습니다.

1430년(세종 12년) 11월 23일 세종이 『삼강행실도』를 만들 때 충신을 누구로 써야 할지 묻자 신하들이 "고려 말년에는 주서였던 길재뿐입니다."라고 하여 길재를 고려의 충신이자 충렬한 선비로 평가하였습니다.

선비라는 말을 사전에서 찾아보면 "예전에, 학식은 있으나 벼슬하지 않은 사람을 이르던 말" 또는 "학문을 닦는 사람을 예스럽게 이르는 말"이라고 되어 있습니다.

이에 비하여 한자의 사(士)는 "조선시대에 양반계층인 선비를 이르던 말"이라고 나와 있으므로 결국 사(士)는 "학식은 있으나 벼슬하지 않는 양반"이라는 뜻이 됩니다.

중국에서 선비[士]는 벼슬하는 사람[仕]을 뜻하며, 주나라 이래 봉건계급 구조에서는 천자 · 제후 · 대부 · 사 · 서인의 오복제도(五服制度) 속에서 한 계급을 이루고 있었습니다. 여기서 사(仕)는 행정의 서무를 맡는 하급관료로서, 권력을 장악한 지배계층은 아니었습니다. 따라서 사는 봉건시대의 사회규범이나 지식체계를 전반적으로 담당하여 유지하는 봉사기능을 맡은 계층으로서 생산기능을 맡은 서인과 권력계층인 제후 · 대부 사이에 놓여 있는 중간계층이었습니다.

그러다 춘추시대에 이르러 사회질서가 붕괴되자 유교적 인격과 교양을 담당하는 지식계층으로 부각되었습니다. 이때의 사는 대부로 진출하는 예비단계에 있는 사대부로서의 측면과 분리되어 군자로서의 유교적 인격을 기본 조건으로 하는 사군자(士君子)의 측면을 뚜렷이 드러냈습니다.

공자는 행동에 염치가 있는 것을 선비의 조건으로 지적하면서 "선비로서 편안한 것을 그리워한다면 선비라고 할 수 없다."고 하였으며, "뜻있는 선비와 어진 사람은 살기 위하여 인을 해치지 않고 죽음으로 인을 이룬다."고 하여 선비가 지향하는 참된 가치는 지위나 생존을 넘어서 인격성에 있는 것임을 확인하였습니다.

맹자도 선비[士]를 유교이념의 담당자로 강조하고 있습니다. 맹자는 선비란, "뜻을 숭상하는 것[尙志]을 임무로 한다고 지적하고 그 뜻을 숭상하는 내용을 인의(仁義)"라 하였습니다. 또한 선비는 일정한 생활근거[恒産]가 없어도 변함없는 마음[恒心]을 가질 수 있는 인격이라 하며, 선비는 곤궁하여도 의를 잃지 않고 현달하여 도(道)를 벗어나지 않는다고 하였습니다.

이황은 선비를 다른 사람의 세력과 지위에 굽히지 않는 것이라 했습니다. 그는 "저들이 부를 가지고 있다면 나는 인을 가지고 있고, 저들이 벼슬을 가지고 있다면 나는 의를 가지고 있다."고 하여 부귀를 넘어 의리를 지닌 선비의 당당한 모습을 보여 주었습니다. 더 나아가 "선비는 천자나 왕공과도 인간적으로 평등하다."고 하여 봉건적 질서를 넘어서는 유교이념의 가치를 보여 주었습니다.

이이는 선비를 “마음으로 옛 성현의 도를 사모하고 몸은 유가의 행실로 신척하며 입은 법도에 맞는 말을 하고 공론을 지니는 자다.”라고 정의하면서 “인의 포용력과 조화정신은 선비의 인자함으로 나타나고, 예의는 염치의식과 사양하는 마음으로 표현되며, 믿음은 넓은 교우를 통해서 드러난다.”고 하였습니다.

이처럼 선비는 유교적 이념을 담당하는 인격으로서 굳세고 숭고한 뜻을 지녀야 할 것을 조건으로 하기 때문에, 선비는 어떠한 곤궁과 난관 속에서도 유교이념을 지키는 것으로 인식되었습니다. 그리하여 선비는 유교적 이념을 담당한 인격자라는 뜻에서 ‘유(儒)’라고도 하였습니다.

선비는 학식이 있으면서도 벼슬을 탐내지 않고 청백(淸白)과 의리(義理)와 지조(志操)를 생명처럼 생각하는 지식인입니다.

학문을 익힌 선비가 갈 길은 크게 두 가지입니다. 하나는 과거시험을 통해 관료로 나아가 임금을 보필하고 백성을 다스리는 길이요, 다른 하나는 초야에 묻혀 학문을 연구하면서 진리와 정의 편에서 대도(大道)를 밝히고 현실 정치를 비판하는 것입니다.

학문을 익혀 관직에 나가더라도 진정한 선비는 관직 자체가 목적이 아니라 관직을 통해 자신의 뜻을 펴고 신념을 실현하는 기회를 가지는 것입니다. 따라서 선비는 군신 관계에서조차 무조건적인 복종과 충성을 바치지는 않았습니다. 선비는 임금과 녹으로 맺어진 관계이기 때문에 의리가 없으면 벼슬을 버리고 떠나는 것이 도리였습니다.

여기에 선비로서 관직에 나가는 경우와 직업인으로서 나간 경우의 차이가 드러납니다. 선비가 나아가기를 어려워하고 물러서기를 쉽게 생각하는 것은 선비가 부귀영화의 욕망에 사로잡히지 않고 불의에 대한 거부적 비판정신이 살아 있기 때문입니다.

우리나라에 유교문화가 유입된 시기는 대략 삼국시대로 봅니다.

고구려 고국천왕 때의 재상 을파소(乙巴素)는 밭갈이 하면서 살고 있다가 국상이 되었는데 그는 사람들에게 "때를 만나지 못하면 숨어 살고, 때를 만나면 나아가 벼슬하는 것이 선비의 떳떳한 일이다. 지금 대왕이 나를 후의로써 대하니 어찌 지난 날 은거하던 일을 생각하랴." 하고 지성으로 국사를 돌보아 백성을 편안케 하여 내외가 태평하였습니다. 이 시대에는 봉건 신분계층으로서의 사(仕) 계급이 형성된 것은 아니지만 유교이념으로서의 사(士) 관념은 알고 있었습니다.

삼국사회가 발전함에 따라 사의 활동도 점점 뚜렷해졌습니다. 고구려에 태학이 세워진 것을 시작으로 삼국에 각각 태학 또는 국학이 세워졌습니다. 태학에서는 유교이념을 교육하여 선비를 양성하였으며, 박사(博士)를 두어 인재를 가르쳤습니다.

고려시대는 선비들의 공직활동이 뚜렷하게 확대되었고, 국자감을 비롯하여 12공도의 사학이 인재 양성을 담당하였습니다. 고려 말 성리학을 익힌 향리 출신의 신진사대부들이 고려의 정신적 중심이었던 불교를 배척하고 유교이념을 표방하면서 성리학의 의리론(義理論)은 선비정신의 중심을 이루게 되었습니다.

의리(義理)는 인식원리라기보다는 행위규범이기 때문에 행동을 통해 실현되어야 하는 것입니다. 따라서 행동을 위한 의지와 용기는 의리의 실현에서 필수적인 조건이 되고, 의지나 용기에 대해서는 의리가 그 행동의 정당성을 부여하는 규범적인 조건이 됩니다.

공자도 "군자는 의리에 밝고, 소인은 이익에 밝다."고 하면서 의리와 이익이 대립된다고 보았습니다. 또 "군자는 의를 높이 여기니, 군자가 용기가 있으면서 의가 없으면 난동을 일으킬 것이고, 소인이 용기가 있으면서 의가 없으면 도적이 될 것이다."라고 하였습니다.

조선의 왕조교체를 둘러싸고도 의견이 나누어졌는데, 양쪽 모두 의리를 제시하고 있습니다. 즉, 백성을 살리기 위해 왕조를 바꿀 수 있다는 혁명론을 지지하는 입장과 인간 본성에 근거한 하늘의 명령인 도덕률, 곧 강상에 따라 고려를 지켜야 한다는 절의파로 나누어진 것입니다. 정도전, 권근 등은 조선왕조 개창에 적극 참여하면서 혁명론을 내세워 고려왕조를 부정하였지만, 길재, 이숭인 등은 강상론(綱常論)의 입장에서 혁명을 거부하고 협력하지 않았습니다.

하지만 조선왕조가 안정기에 접어들자, 선비의 의리는 강상적 충절에 있음을 주장하는 사림파가 정국을 장악하였습니다. 이들은 강상의 의리 외에도, 중국을 존중하고 오랑캐를 물리치는 중국 중심의 의리인 존양(尊壤)의 의리를 주장하였습니다. 중화사상은 사대주의를 심화시켜 선비들이 모화사상(慕華思想)에 빠진 경우가 많았습니다. 이러한 사상은 병자호란을 겪으면서 주전파를 충절로 받아들이게 되었고, 소중화론은 더욱 심화되었습니다.

이런 그릇된 춘추대의적 의리관과 화이관으로 충절의 상징으로 숭앙되던 선비는 중화사상과 사대주의에 빠진 일그러진 모습으로 다가오게 되었습니다.

반면 왜란과 호란, 그리고 일제 강점기에 의병을 일으키고 창의(倡義)의 깃발을 든 선비들의 주장과 실천은 의리가 국가적 존망의 위난에 처했을 때 생명을 버리면서 투쟁하는 용기의 원천이요, 정당성의 근거가 되었습니다.

선비로서 평생 과거시험을 보지 않거나 벼슬길에 나가지 않는 경우를 흔히 '처사(處士)'라 일컫습니다. 사전에서 설명하는 선비는 바로 이러한 처사를 가리키는 것입니다. 조선 말 박지원의 소설에 나오는 허생이 바로 이런 인물입니다.

허생의 집 사립문은 은행나무를 향해 있고 언제나 열려 있었다. 집이라야 두어 칸 되는 초가집으로 비바람에 거의 다 쓰러져 가는 오막살이였다.

허생은 집에 비바람이 새는 것은 아랑곳하지 않고 언제나 글 읽기만을 좋아했으므로 가난하기 짝이 없었다. 그 아내가 삯바느질을 해서 겨우 입에 풀칠을 했다. 어느 날 허생의 아내는 배고픈 것을 참다못해 눈물을 흘리며 푸념을 늘어놓았다.

"당신은 한평생 과거도 보러 가지 않으면서 어쩌자고 글만 읽는단 말입니까?"

그러나 허생은 태연자약, 껄껄 웃었다.

"내 아직 글이 서툴러서 그렇다네."

"그렇다면 공장(工匠) 노릇도 못한단 말입니까?"

"공장 일을 평소에 배우지 못했으니 어쩌오?"

"그렇다면 하다못해 장사라도 해야지요."

"장사를 하려해도 밑천이 없으니 어쩌오?"

아내는 드디어 역정을 냈다.

"당신은 밤낮없이 글을 읽더니, 그래 '어쩌오?' 하는 것만 배웠수? 공장 일도 못한다. 장사도 못한다. 그럼 도둑질은 어떻수?"

『허생전』 앞부분입니다. 오로지 책만 읽으면서 집안 살림은 어떻게 돌아가는지 관심조차 없는 인물. 전형적인 처사의 모습으로 평소에 상상하는 선비의 모습이기도 합니다.

그런데 이런 처사의 모습이 소설에만 있는 것이 아니었습니다. 조선 후기에 와서는 선비들이 과거시험을 외면하는 경향이 많아졌습니다. 그것은 사대부 관료로서의 역할이 그동안 익히고 닦은 학문과 많은 차이가 있다는 사실을 인식했기 때문입니다. 따라서 처음부터 벼슬길에 나갈 생각 없이 학문에만 전념하는 것을 진정한 선비 태도라고 여기는 풍조가 생겼습니다. 이들 중 특히 학문적으로 존경받는 대학자들을 '산림(山林)'이라 하여 우대했습니다. 산림들은 학문적 능력을 가지고 학계뿐만 아니라 조정까지도 큰 영향을 미쳤습니다. 학파와 정파 연합구도 속에서 그 구심점이었으며, 영수였습니다. '암혈독서지사(岩穴讀書之士)'로 불린 산림들은 왜란과 호란 이후 국가적으로 큰 역할을 담당하는데, 그 대표적인 인물이 송시열이었습니다.

송시열은 숙종의 환국정치에 휘말려 죽음을 당했습니다. 그가 죽은 것은 조선왕조 내내 이어져 온 왕권과 신권의 갈등 때문이었습니다.

송시열의 죽음에 대해 이덕일은 『송시열과 그들의 나라』에서 다음과 같이 말했습니다.

송시열이 죽임을 당한 이유는 역모가 아니었다. 83세의 노인을 사사한 죄목은 '죄인들의 수괴'라는 애매한 것이었다. 여기에서 죄인들이란 서인, 보다 좁혀 말하면 노론이란 한 당파에 소속된 당인을 말한다.

송시열은 국익보다 사익, 즉 당익을 우선시했습니다. 조정에 나아가 벼슬을 하지 않고 처사를 자처하면서도 현실 정치에 관여하여 붕당 정치의 폐해를 유발하는 인물들을 선비라고 하는 데는 동의하기 어렵습니다.

처사들 중에는 국가를 경영할 충분한 역량이 있음에도 불구하고 난세를 당하거나 아직 때가 아니라는 생각으로 초야에 은둔해 있는 사람들이 있었습니다. '은일(隱逸)'이라는 이름으로 불린 이들은 특히 부덕하고 무도한 통치자가 권력을 잡았을 때에는 조정에 나가는 것을 거부했습니다.

실학파가 등장하면서 선비의 기능과 역할에 대해 심각한 반성이 일어났고, 의리론의 허구적인 비현실성을 지적하며 선비가 무위도식하는 좀벌레라며 자책하기도 하였습니다.

지조와 절개는 선비의 징표(徵表)로서 세력에 따라 변화하는 기회주의를 용납하지 않았습니다. 또 선비들은 배운 것을 실천에 옮길 때 비로소 그 배움의 의미를 갖게 된다고 생각했습니다. 그리고 그 실천 단계에서 가장 중요한 것이 의리와 명분이었습니다. 우리가 선비를 존경하는 것은 그들이 선비로서 갖추어야 할 근본적인 질서를 면면이 이어 왔기 때문입니다.

『허생전』을 통해 처사로서의 선비가 의(義)를 버리고 이(利)를 택할 때 국가와 백성에게 얼마나 해를 끼치는지 살펴보겠습니다.

허생은 장안에서 제일가는 갑부 변씨를 찾아가 단도직입적으로 잘라 말했다.

"내 집이 가난하여 장사 밑천이 없소 그려. 무엇을 좀 해보고 싶으니 돈 만 냥만 빌려주시오."

"그렇게 합시다."

변씨는 대뜸 승낙하고는 만 냥을 내주었다.

만 금을 손쉽게 얻은 허생은 과일, 말총을 매점매석해 큰돈을 벌었다. 그리고는 "허어, 겨우 만 냥으로 이 나라를 기울게 할 수 있다니, 국가의 심천(深淺)을 알 만하구나!" 하고 탄식했다.

밤낮으로 책만 읽던 허생이 태도를 바꿔 장사꾼이 되어 큰돈을 버니 죽어나는 것은 백성들인 것입니다. 선비가 의를 버리면 나라가 위태로울 수 있다는 경고입니다.

허생은 나중에 변씨에게 돈을 갚고 나서 서로 얘기하는 가운데, "이것은 백성들을 못살게 하는 방법이야. 백성을 도둑놈으로 만들기 좋은 방법이지. 훗날에라도 나라 일을 맡은 관리가 나의 이러한 방법을 쓰게 된다면 나라는 곧 병들고 말 거야."라면서, 자신의 장사 방법이 잘못되었다고 하였습니다.

허생은 또 도적들을 섬으로 데려가서 살도록 해 주고는 자신은 섬을 떠나면서 "이 섬에서 화근을 뽑아 버려야 한다."며 글을 아는 자는 모두 불러내어 배에 실었습니다.

박지원은 청나라의 문물과 문화를 수용하여 우리의 현실을 개혁하여야 한다고 주장한 인물입니다. 박지원 스스로 유학자의 신분이면서도 글 읽는 자들이 사회의 화근이라는 인식을 가졌던 것입니다. 그러나 한편으로는 상업에 대한 폐단만을 지적함으로써 여전히 상업을 경시하는 유학자의 모습을 드러내고 있습니다. 당시 조선 유학자들이 가진 인식의 한계인지도 모르겠습니다.

개화기 박은식은 구습에 젖은 유림(儒林)에 대하여 "고루하여 시의에 어두움, 자기도취에 젖어 백성과 나라를 망각함, 옛날 책만 연구하고 새 이치를 연구하지 않음, 공허하게 의리를 논하고 경제를 강구하지 않음"을 들어 유림이 개명시대의 크나큰 장애물임을 지적하였습니다.

박은식은 선비 자체가 아니라 전통의 습관을 고수하는 당시의 고루한 유림을 비판한 것입니다. 그러면서 새로운 지식을 적극적으로 받아들여 사회개혁운동을 하는 계몽 사상가를 선비의 모범으로 제시하였습니다.

선비는 지식의 전달자로 만족하는 오늘날의 지식인과 곧잘 비교되곤 합니다. 꼿꼿한 지조와 강인한 기개, 옳은 일을 위해서는 죽음도 불사하는 불요불굴의 정신, 항상 깨어 있는 청정한 마음가짐으로 특징지어진 선비는 오늘을 살아가는 우리에게도 꼭 필요한 모습입니다.

8

형식에 집착한 예의 '제사'

하루 전에 재계하고 정침을 깨끗이 쓸고 닦은 다음 제상을 베푼다. 제청의 서북쪽 벽 아래에 남향으로 고서비동(考西妣東)이 되게 신위를 모신다. 가례에는 기일에 해당하는 신위만 모시도록 되어 있으나 속례로는 합설하는 것이 일반적이다.

제상 앞에 향 놓는 탁자를 베풀고 그 위에 향로 · 향합을 놓는다. 모사(茅沙)는 그 앞에 놓는다. 향안 왼쪽에 축판(祝板)을, 오른쪽에 제주(祭酒)와 퇴주 그릇을 놓는다.

- 진설(陳設) : 제상에 제수(祭需)를 올린다. 먼저 실과를 올리는데, 속례에 따라 홍동백서(紅東白西) 혹은 대추 · 밤 · 배 · 감 · 사과의 순으로 놓아도 된다. 생과는 서쪽, 조과는 생과 다음에 동쪽에 놓는다. 포 · 젓갈 · 침채 · 청장 · 숙채를 올린다. 수저그릇을 올린다.
- 강신(降神) : 신주를 모시고 제사 지낼 때는 먼저 참신을 하고 나서 강신을 하지만 대개 지방(紙榜)제사이므로 먼저

강신절차를 밟는다. 제주가 분향하고 술을 잔에 따라 세 번 모사 그릇에 붓는다. 제주가 재배하고 제자리로 돌아간다. 모든 제관이 일제히 재배를 올린다. 부인은 사배를 한다.

- 진찬(進饌) : 각색 탕 · 저냐(생선전) · 산적 · 편(떡) · 메(밥) · 국을 차례로 올린다. 어동육서(魚東肉西)라 해서 생선류는 동쪽, 육류는 서쪽, 나물류는 가운데 놓는다. 탕 · 저냐 · 산적도 마찬가지다.
- 초헌(初獻) : 제주가 올리는 첫 잔이다. 술잔에 7부 정도 채워 올리고 메 그릇이나 탕, 반찬의 뚜껑을 열어 놓는다. 제주 이하 전원이 꿇어앉아 있고 축(축문 읽는 사람)이 제주 왼쪽에 꿇어앉아 축문을 읽는다. 축문 읽기가 끝나면 제주가 재배하고 제자리로 돌아간다. 축이 없이 제주가 읽어도 된다.
- 아헌(亞獻) : 두 번째 올리는 잔으로, 종부가 올린다.
- 종헌(終獻) : 세 번째 올리는 잔으로, 제관 중에 나이 많은 어른이 올린다.
- 유식(侑食) : 더 많이 드시도록 하는 절차로, 종헌 때 올린 잔에 가득히 차도록 첨작하여 따라 올리고 난 다음 삽시(插匙)라 해서 숟가락을 메에 꽂고 젓가락을 잘 갖추어 그 시접 위에 자루가 집사자의 왼쪽으로 놓이게 한 뒤 제주가 재배한다.
- 합문(闔門) : 제관 이하 전원이 밖으로 나오고 문을 닫는다. 문이

없는 곳이면 불을 조금 낮추어 어둡게 한다. 합문하는 시간은 일식구반지경(一食九飯之頃)이라 하여 약 5분 정도다.

- 계문(啓門) : 제관이 세 번 기침 소리를 내고 다시 안으로 든다. 불을 밝게 한 뒤, 국을 물리고 숭늉(혹은 차)을 올린 다음 메를 조금씩 떠서 숭늉에 만다. 잠시 시립하다가 수저를 거두고 메 뚜껑을 덮는다.
- 사신(辭神) : 제관 일동이 신위에게 재배하고 제사를 끝낸다.
- 철상(撤床)과 음복(飮福) : 철상도 제사의 한 절차이므로 정중히 해야 한다. 지방으로 제사를 올렸을 경우, 지방과 축문을 불사른다. 제사에 참여한 이들이 제물을 나누어 먹는다.

한국학중앙연구원의 『한국민족문화대백과』에 나오는 기제 절차를 가례를 바탕으로 속례를 참고한 절차입니다. 제사를 지내는 시간은 해시(亥時) 말에서 자시(子時) 초가 관습으로 되어 있었습니다. 요즘 시간으로 대략 밤 11시 30분에서 12시 사이일 것 같습니다. 돌아가신 날의 첫 시각에 지내는 것으로 생각한 것입니다.

제사 지내는 절차는 정말 복잡합니다. 종교의식이나 국가행사도 아니고, 조선시대처럼 유교가 지배적인 사회도 아닌데 일반 가정에서 이렇게 복잡한 제사를 왜 지내는지 알 수가 없습니다.

제사는 사전적 의미로 “신령이나 죽은 사람의 넋에게 음식을 바치어 정성을 나타냄. 또는 그런 의식"입니다. 제사는 토테미즘이나 애니미즘과 같은 원시신앙에서 비롯되었다고 보고 있습니다. 우리 조상들은 계절의 순환과 변화, 화산이나 지진, 홍수 등의 자연재해를 겪으면서 자연현상에 대하여 경이로움과 함께 엄청난 공포를 갖게 되었습니다. 또한 인간의 생존을 위협하는 질병이나 맹수들의 공격 앞에서 인간이 얼마나 나약한지 알게 되었습니다. 인간은 토템이나 정령에게 어떤 초월적인 힘을 가진 신(神)이 있다고 상정하고 이를 경배함으로써 각종 재앙으로부터 자신이 보호받고 안락한 생활을 누릴 수 있다고 믿었습니다.

따라서 제사는 지역과 문화 특성에 따라 그 대상과 의식에 차이는 있으나 인간사회의 보편적인 현상이라 할 수 있습니다. 이렇듯 원시신앙으로서의 제례는 우리가 알고 있는 제사보다 그 범위가 훨씬 넓고 다양하다는 것을 알 수 있습니다.

우리가 정확히 언제부터 제사를 지냈는지는 알 수 없습니다만 옛 기록에 나타나 있는 부여의 영고(迎鼓), 고구려의 동맹(東盟), 예의 무천(舞天) 등이 모두 하늘에 제사 지낸 제천의식이었습니다. 이런 제천행사는 모두 농업과 관련이 있었던 것으로 보입니다.

『삼국사기』에 신라는 제2대 남해왕 3년에 시조 박혁거세묘를 세우고 사시로 제사를 지냈으며, 고구려는 사당을 세워 사직에 제사 지내기를 즐겼다고 하였습니다. 백제는 온조왕 20년 2월에 천지에 제사 지내는 단을 설치하고 10월에 제사 지냈으며, 그 시조 구태묘를 세우고 해마다 네 번 제사 지냈다고 기록하고 있습니다. 이후 국가체제가 완비

됨에 따라 사직과 종묘, 그리고 원구 · 방택 등 국가 차원의 제례가 갖추어졌습니다.

이 밖에 곰이나 호랑이 등 토템과 마을 어귀에서 만날 수 있는 서낭당이나 신목 등의 자연물은 물론 산신이나 터주, 곳간 및 장독대, 부뚜막 등 집 안 곳곳에 존재하는 신들에게 제사를 지내기도 하였습니다.

중국에서는 이미 요순시대에 천신에 제사한 기록이 『서경』과 『사기』에 실려 있습니다. 윤리도덕관념과 함께 조상숭배사상이 성행하여 조상에 대한 제례는 하 · 은 시대를 거쳐 주나라 때 확고하게 갖추어졌습니다.

우리나라의 경우는 고려까지만 하더라도 국가 차원의 제천행사와 무속신앙이 지배적이었으나, 성리학이 들어오면서 유학 세력이 확산되고 이와 함께 유입된 주자가례가 조상숭배의 관념을 보편화시키는 데 결정적인 역할을 했습니다. 국가 차원이 아닌 사가에서도 제사를 지내게 된 것입니다.

주자 가례는 조선시대에 들어와 유교적 실천윤리로서 국가적으로 권장되었습니다.

『고려사』에 당시 상제(喪制)가 문란하고 해이하여 사대부가 모두 백일이면 상복을 벗었으나, 정몽주는 부모의 상을 당하자 홀로 묘에 여막을 짓고 묘 옆에서 3년을 지냈고, 주자가례에 의해 가묘를 처음 설립하였으며 제사를 극진히 모셔 나라에서 마을에 정문(旌門)을 세워주었다는 기록이 있습니다. 집 안에 사당을 지어 조상을 숭배하는 것은 조선왕조가 들어선 이후 본격화되었습니다.

복잡한 절차를 따라야 하는 제사를 웬만한 집안에서는 4대 봉사, 그러니까 고조까지 지내고 있습니다.

그러나 4대 봉사는 지나친 예라고 할 수 있습니다. 『고례(古禮)』에 의하면 천자가 7대, 제후가 5대, 대부가 3대, 사(士)는 1대를 지내도록 되어 있습니다. 고려 말에는 대부이상은 3대 봉사, 6품 이하의 관원은 2대 봉사, 7품 이하 하급관원과 서민들은 부모 제사만 지내도록 하였었습니다. 조선에서도 사대부 이상은 4대 봉사, 6품 이상은 3대 봉사, 7품 이하는 2대 봉사, 일반 서인은 부모제사만 지내도록 되어 있었습니다.

당시 7품 이상은 불과 20% 미만이었으므로 대부분 부모 제사만 지낸 셈입니다. 그러던 것이 신분제가 반상제로 변천되고, 노비가 사라지는 등 계급사회가 무너지자 반상의 구별 없이 모두가 사대부의 예를 따라 4대 봉사를 하였던 것입니다.

게다가 지금은 많이 사라졌지만 조선시대에는 기제(忌祭) 이외에도 사당제(祠堂祭), 사시제(四時祭), 시조제(始祖祭), 이제(禰祭), 묘제(墓祭) 등 제사의 종류도 많았습니다.

차례(茶禮)는 예서에 없는 제례로서 지역과 가문에 따라 다르긴 하지만 대체로 설날, 대보름날, 한식, 단오, 칠석, 추석, 중양, 동지 등에 지냅니다. 그중에 설날과 추석에 제일 많이 지내고 있습니다. 지방에 따라서는 중양을 존중하는 곳도 있습니다.

불천위제사(不遷位祭祀)는 4대 봉사의 대수가 넘어가도 4대손 가운데 가장 항렬이 높은 사람이 제사를 받들거나, 신주를 묻지 않고 영구히 사당에 모시고 봉사하는 기제입니다. 불천위에는 왕이 하사한 국불천위와 문중과 유림에서 결정한 사불천위가 있는데, 유명한 선조를 가진 문중의 후손들은 이 제사를 큰 명예로 생각해서 성대하게 치릅니다. 불천위제사는 특히 명문 후손들의 혈연적 유대를 강화시키는 구심점이 되고 있습니다.

생일제사는 조상의 생일날 지내는 제사로 강원도나 해안지방에서 관행적으로 지내는 제사 중의 하나입니다.

그러나 이렇게 우리의 생활 속에 파고든 제사는 그 의식절차가 지나치게 까다롭고 복잡하여 후손들이 조상에 대한 진실한 공경보다도 형식에 치우쳐 허례허식의 폐를 낳게 되었습니다.

제사에 관한 한 전 세계 어디를 둘러보아도 우리네만큼 생활 깊숙이 스며들어 우리의 가치관을 지배하고 있는 풍속도 없을 것입니다. 설이나 추석 같은 명절 때 고속도로에 줄지어 서 있는 차량들을 보면서 제사를 지내기 위해 고향을 찾는 우리의 모습을 다시 보게 됩니다. 제사는 우리에게 너무나 익숙한 문화인 것입니다.

그러나 시대가 바뀌면서 제사를 둘러싸고 크고 작은 갈등이 나타나 가족 간 불화는 물론, 심한 경우에는 가정이 파괴되는 등 심각한 부작용도 속출하고 있습니다.

왜 이런 현상이 나타나는지 살펴보도록 하겠습니다.

먼저 제사를 지내려면 제사상에 올릴 음식을 준비하여야 하는데, 이것이 만만치 않은 비용을 수반합니다. 제사를 지내는 집에서는 흔히 정석이라고 알려진, 근거도 없는 상차림을 고집합니다. 이런 상차림은 비용도 많이 들 뿐만 아니라 음식을 장만하는 여인들의 노동 강도를 높여 여성들이 제사를 기피하는 원인이 됩니다.

예의 근본에 대한 제자의 질문을 받은 공자는 "호화로움 보다는 차라리 검소함이 낫다."고 하였습니다. 또 주자도 "검소함과 슬픔과 공경하는 마음에 바탕을 두어 예를 표하여야 된다."고 하였습니다. 그러므로 제사는 모든 것을 형편에 맞게 하되, 진실로 공경하는 마음으로 정성껏 지내는 것입니다.

이이는 『격몽요결』에서 "집안 형편이나 사람 수에 맞게 적절히 올리면 된다."고 하였습니다. 전해 오는 얘기로는 이이가 평생 소고기를 먹지 않았기 때문에 이이의 제사상에는 소고기가 올라가지 않는다고 합니다.

제사상을 차릴 때 홍동백서니 어동육서니 하는 상차림은 가례에 근거가 없는 상차림입니다. 과한 상차림을 하지 말라고 든 예시가 오히려 그 정도는 차려야 하는 것으로 인식된 것이 문제입니다.

다음으로 종교와의 갈등입니다. 제사는 시대마다 지역마다 지내는 방법이 각각 다릅니다. 하다못해 중국과 우리나라의 제사의식도 다릅니다. 그리고 조상 숭배라는 같은 생각을 가지고 있더라도 그것을 표현하는 방법은 다를 수 있습니다. 문제는 조선의 성리학이 교조주의로 흘러 주희와 조금이라도 다르면 이단으로 배척하고 사문난적으로 몰아 처벌하고 다양성을 인정하지 않은 데 있습니다.

조선 후기 천주교를 탄압한 것도 마찬가지입니다. 천주교 신자들이 조상의 주검 앞에서 찬송가를 부르고 기도한 것은 조상을 숭배하지 않은 것이 아니라 그들의 방식으로 추모한 것입니다.

조선 조정에서 천주교 신자들을 처형한 것은 유교적 질서가 파괴될지도 모른다는 위기감 때문이었습니다. 유교에서는 가정은 축소된 국가이며, 국가는 확대된 가정으로 인식하였습니다. 이에 따라 국가에 대한 충과 가정에서의 효는 불가분의 관계를 가지며 제사는 효의 연장선상에서 돌아가신 부모에 대하여 자식이 지켜야 하는 도리였습니다.

따라서 가정에서의 유교적 질서가 깨지면 국가의 통치체제도 변화될 수밖에 없다고 생각했습니다. 결국 조정에서는 자신들의 권력을 유지하기 위한 통치체제가 무너질까 두려워 천주교를 탄압하였던 것입니다.

마지막으로 신분 차별입니다. 제사는 장자우선원칙에 따라 장남이 지냈습니다. 과거 양반들은 제사를 일 년에 십여 차례씩 지냈습니다. 당연히 비용도 많이 들었을 것입니다. 그래서 조선에서는 장남에게 유산이 더 많이 돌아가도록 법을 바꾸었습니다. 그리고 여성들은 출가외인이라 하여 제외시켰습니다.

고려 때까지만 하더라도 여성도 가족의 일원으로 참여할 수 있었지만, 조선에서는 엄격한 가부장제로 인해 여성들의 지위는 추락하고 말았습니다. 또 서자는 자식으로 취급하지도 않았습니다. 정처 소생이 없으면 서자로 대를 이으면 되는데, 서자는 없는 자식으로 치고 다른 친척 중에서 골라 양자로 삼았던 것입니다.

오늘날 제사는 일반적으로 기제, 차례, 묘제의 세 가지로 나누어 지내고 있습니다. 우리에게 익숙한 제사이지만 사람에 따라서는 제사를 대하는 마음과 태도가 다양합니다.

제사의 본래 의미를 이해하고 오래전부터 전해 내려온 제례의식에 따라 정성스레 제사를 지내는 사람이 있는가 하면, 집에서 늘 제사를 지내 왔기 때문에 아무런 생각 없이 제상을 차리고 지내는 사람, 어른이 시키니까 마지못해 참여하는 사람, 남의 눈을 의식해서 제사를 지내는 사람도 있습니다.

요즘에는 종교적 이유로 절을 하지 않은 채 제사에 참여하는 사람도 있습니다. 또 여성들은 제사상을 차리는 데 들어가는 만만치 않은 비용과 여성들만이 짊어져야 하는 수고와 고단함으로 제사를 귀찮게 여기고 있습니다.

그동안 정부에서도 제사 풍속이 허례허식으로 흐르지 않고 건전한 생활문화로 정착되도록 의식간소화에 많은 노력을 기울여 왔습니다. 1969년 가정의례준칙 및 가정의계법을 제정한 이후 기제의 대상을 부모, 조부모 및 배우자로 국한하는 경향이 많아졌습니다.

1999년에는 기존의 가정의례준칙이 폐지되고, 건전가정의례준칙을 제정하였습니다. 제례는 기제 및 명절차례로 구분하고, 봉사는 제주로부터 2대까지만 지내는 것으로 하였으며, 성묘는 제수를 마련하지 아니하거나 간소하게 한다고 하였습니다.

유교에서는 돌아가신 조상 섬기기를 살아 계신 조상 모시듯[事死如事生] 해야 한다고 하였습니다. 공자는 조상에게 제사를 지내는 이유는 부모가 나를 인간으로 태어나게 해 준 근본을 잊지 않고 보답하기 위해서라고 했습니다. 그래서 제 의례를 근본에 보답하는 의례라는 뜻으로 '보본의식(報本儀式)'이라고 합니다.

그러므로 제사를 관습적으로, 체면 때문에 의무감으로 지내서는 안 됩니다. 자손이 함께 모여 자신을 존재하게 해 준 조상의 은혜에 감사드리는 마음으로 제사에 참여해야 합니다. 그리고 조상을 기리는 마음을 담는다면 그 형식이나 방법이 중요한 게 아니라는 사실을 알고 서로가 이해했으면 좋겠습니다.

글을 마치면서

위화도회군은 명분 없는 반역이었습니다. 이성계가 회군을 단행하면서 내건 기치는 "작은 나라가 큰 나라를 칠 수 없다."며 이를 주도한 최영을 제거해야 한다는 이유뿐으로, 권력 장악을 위한 정변이었습니다.

그러나 막상 권력을 장악하자 생각이 달라졌습니다. 어쩌면 처음부터 혁명을 꿈꾸었는지도 모릅니다. 정도전이 이성계에게 "이 군사를 가지면 무슨 일인들 못하겠습니까?"라고 한 말을 현실화시킨 것인지도 모릅니다.

이성계를 추종한 신진사대부들은 겉으로는 의리와 인의도덕을 내세우면서도 뒤에서는 반대세력을 제거하기 위한 권모술수를 서슴지 않았습니다. 그들은 먹이를 물면 죽을 때까지 물고 늘어지는 이리 떼 같았습니다. 조선시대 붕당정치를 떠올리게 됩니다.

반면 강한 자에게는 한없이 몸을 낮추었습니다. 중국에 대한 무조건적인 사대가 이를 증명하고 있습니다. 강한 자에게 약하고 약한 자에게 강한 인간 본성을 여지없이 드러낸 것이었습니다. 이들에게 백성은 없었습니다. 백성들을 위한다는 명분을 내세운 토지개혁조차 정적 제거에 이용하였습니다.

고려에서 조선으로의 왕조 교체는 영토와 백성들은 그대로인 채 지배권의 변동만을 가져온 정권 교체였습니다. 왕조 개창 3일이 지난 1392년 7월 20일 사헌부에서 시무책을 올리면서 "이성계가 하늘의 뜻에 순응하여 혁명을 일으켜 처음으로 왕위에 오르게 되었다."고 하였습니다. 왕위 찬탈 행위임에도 혁명론으로 왕조 교체를 합리화한 것입니다.

신채호는 『조선상고사』에서 "역사는 아와 비아의 투쟁의 기록"이라고 하면서 역사를 기록하는 자세를 다음과 같이 말했습니다.

역사는 역사를 위하여 역사를 지으란 것이요, 역사 이외에 무슨 딴 목적을 위하여 지으라는 것이 아니요, 자세히 말하자면 객관적으로 사회의 유동상태와 거기서 발생한 사실을 그대로 적은 것이 역사요, 저작자의 목적에 따라 그 사실을 좌우하거나 첨부 혹은 변개하라는 것이 아니니 …

기록된 사실을 당대의 잣대로 해석할 수는 있지만, 사실 자체를 왜곡하고 조작하는 것은 잘못되었다는 것입니다. 그러나 조선왕조에서 고려의 역사를 편찬하면서 모든 것을 성리학적 이념으로 재단하였으며, 조선왕조의 창업공신들은 위화도회군, 폐가입진 등 자신들의 행위를 정당화하기 위하여 사실을 왜곡하고 조작하였습니다.

역사는 되돌릴 수 없습니다. 이성계는 왕조가 개창된 후 고려라는 국호를 그대로 사용하고, 고려 태조의 위패를 봉안하여 제사 드리도록 하는 등 자신이 고려를 계승했다는 점을 강조하였습니다. 그러나 조선으로의 국호 변경과 왕씨 왕족들의 처형으로 사실상 고려와 결별하였습니다.

조선왕조는 고려의 정치체제와 제도 대부분을 물려받아 일부 개편하여 적용하였지만, 다음 두 가지 점에서 고려와 크게 달랐습니다.

하나는 모든 것을 성리학의 잣대로 바라본 것입니다.

고려는 개방된 사회였습니다. 태조 왕건은 『훈요십조』에서 "국가의 대업이 여러 부처의 호위와 지덕에 힘입었다."고 하여 불교를 중히 여기라고 하였습니다. 그러나 고려의 왕들은 유학자를 우대하였으며, 도교나 민속신앙도 아무런 제한을 가하지 않고 포용하였습니다. 대외적으로도 세계 여러 나라와의 무역을 장려하는 개방정책을 추진함으로써 다양성이 공존하는 사회를 지향하였습니다.

반면 조선은 불교는 물론 다른 사상이나 학문을 용납하지 않았습니다. 오로지 성리학에 의거한 이념과 실천만을 주장하여 획일화된 가치관을 강요하였습니다.

고려 말 성리학을 익힌 향리출신 신진사대부들은 인의와 덕치는 뒤로 한 채 불교를 배척하고 중국에 대한 사대부터 강조하였습니다. 이들이 배척하고 개혁 대상으로 삼은 것은 불교만이 아니었습니다. 권문세족 등 친원세력 또한 척결되어야 할 대상이었습니다. 심지어 같은 유학자라 하더라도 자신들과 생각이 다르면 제거 대상이 되었습니다.

왕조 교체가 이루어지자 이들 집권세력은 성리학에 의한 통치이념과 왕도정치를 표방하면서 유학을 관학으로 끌어올렸습니다. 당연히 불교는 억압 대상이었습니다.

성리학만을 고집한 조선사회는 중세 유럽의 암흑기를 떠오르게 합니다. 16세기 유럽에서는 르네상스 운동이 전개되었지만, 이때의 조선사회는 사림세력의 등장으로 오히려 성리학에 의한 사상 통제가 강화되었습니다. 성리학 이외의 학문은 이단으로 배척되었습니다. 조선의 집권세력은 대내적으로 유교적 이념에 따른 질서를 강제하고 대외적으로는 개방을 억제하여 스스로 고립의 길로 접어들었습니다.

두 번째는 북진정책의 포기입니다.

우리나라는 지정학적으로 매우 불리한 지역에 놓여 있습니다. 중국과 일본 사이에 있을 뿐만 아니라 만주를 사이에 두고 중국과 연결되어 있습니다. 따라서 대륙에서의 혼란은 직접적으로 우리나라에 영향을 미칩니다.

옛 고구려는 만주 일대를 장악하고 있었기에 대륙에 대항할 수 있었던 것입니다. 고구려가 멸망하고, 뒤를 이은 발해마저 무너져 버리자 우리는 만주를 잃어버렸습니다. 고려가 고구려를 계승한다 하였지만 만주를 되찾을 만한 국력은 없었습니다. 그러나 북진정책은 고려왕조의 일관된 정책이었습니다. 공민왕의 요동정벌은 원·명 교체기의 혼란한 틈을 이용한 야심찬 계획이었습니다. 요동성을 함락시키고도 군량미를 태우는 어이없는 실수로 철군할 수밖에 없었지만, 700년 전 나

당전쟁 당시 압록강을 건넜던 신라의 장수 설오유 이후 처음으로 압록강을 건넜던 것입니다.

그리고 18년 후 우왕과 최영은 다시 요동정벌을 단행하였지만 위화도회군으로 요동정벌은 무위로 끝나고 말았으며, 그 여파로 고려왕조는 멸망하였습니다.

조선 말 정약용은 요동을 수복하지 못한 것은 나라를 위해 다행한 일이라고 하였습니다.

고구려 때는 강토를 멀리 개척하였다. 그 북부는 실위(室韋)에 접했고, 그 남부는 개모(蓋牟)에 이르렀다. 고려 이래로부터 북부, 남부는 모두 거란이 차지하였고, 금, 원 이후 다시는 우리 것으로 되찾지 못하였고 압록강 일대가 천연의 경계를 이루게 되었다. … 나는 요동을 수복하지 못한 것은 나라를 위해 다행한 일이라 생각한다. 요동은 중국과 오랑캐가 왕래하는 요충지이다. 여진은 요동을 거치지 않고는 중국에 갈 수 없고, 선비와 거란도 요동을 차지하지 못하면 적을 제어할 수 없고, 몽고 또한 요동을 거치지 않고는 여진과 통할 수가 없다. 진실로 성실하고 온순하여 무력을 숭상하지 않는 나라로서 요동을 차지하고 있게 되면 그 해로움은 이루 말할 수 없을 것이다. … 또 우리나라의 지세는 북으로 두 강을 경계로 삼고, 삼면이 바다에 둘러싸여 강역 형태가 혼연히 천혜의 요새이니 요동을 얻는 것은 반대로 군더더기를 붙이는 것이다. 어찌 유감으로 여기겠는가? 그렇지만 진실로 나라가 부강하고 병사가 강성하여 하루아침에 천하를 다툴 뜻이 있고 한 걸음이라도 중원을 엿보려 할 경우에는,

먼저 요동을 얻지 않고는 할 수 없다. 어쨌든 서로 요동을 얻고 동으로 여진을 평정하고 북으로 경계를 넓혀 흑룡강 근원까지 올라가고 우측으로 몽고와 버틴다면 충분히 큰 나라가 될 수 있으니 이 또한 하나의 통쾌한 일이다.

정약용의 『여유당전서』에 실린 내용입니다. 나라를 위해 이성계의 위화도회군을 다행으로 알아야 할까요?

요동지역은 우리의 안보를 지키기 위해서 포기할 수 없는 요충지입니다. 그러나 조선의 집권세력 사대부들은 중국에 반하는 어떠한 정책도 반대했습니다. 이성계의 위화도회군으로 요동정벌이 무산된 후 우리가 다시 북방지역을 넘보는 일은 없었습니다.

신채호는 소설 『을지문덕』에서 "몽고와 치욕적인 맹약을 맺던 시초만 하더라도 기꺼운 마음으로 정성을 다해 승복하는 조약이 아니라 피를 삼키고 눈물을 머금은 조약이었고, 손뼉을 치고 춤을 추던 화친이 아니라 웃음 속에 칼날을 숨겼던 화친이었건만, 겨우 몇 십 년을 지나자마자 피와 눈물은 웃음으로 변하고 칼은 술로 바뀌어 온 나라 신민이 적을 할아비로 아는 마귀의 구렁텅이에 함께 빠지고 말았다."고 하여, 오랫동안 사대에 젖어 자신도 모르게 대국을 섬기는 것을 당연하게 여기는 풍조를 개탄했습니다. 고려 말과 조선왕조 집권세력이 꼭 이 모양이었습니다.

지금까지 성리학으로 무장된 신진사대부들에 의한 조선왕조의 개창과 조선왕조의 성리학적 통치이념과 그 실체를 살펴보았습니다. 한마디로 못나고 추한 모습이었습니다.

성리학은 불교와 도교 등 다른 사상을 배척하는 데서 출발한 학문입니다. 그리고 중국 중심의 세계 질서를 강조하였습니다. 성리학이라는 학문 자체도 문제가 있지만 보다 큰 문제는 이를 통치에 적용한 집권세력의 생각이었습니다.

유학의 본 고장 중국에서조차 하나의 학문에 불과한 성리학이 조선에서 유아독존 할 수 있었던 것은 성리학의 이념이 집권세력의 이해관계와 맞아떨어졌기 때문입니다.

위화도회군으로 정권을 잡은 사대부세력은 온갖 권모술수를 동원하여 반대세력을 제거하였고 마침내 왕조 교체를 이루었습니다. 그 과정에서 인의와 의리는 찾아볼 수 없었으며, 포용과 관용의 덕목은 사라졌습니다.

조선왕조가 개창되자 이들 사대부들은 자신들의 위치를 견고히 하기 위한 조치를 취하기 시작했습니다. 국가 권력을 왕과 나누어 가졌으며, 성리학적 이념에 따른 질서를 강요하면서 양반과 상민이라는 신분구조를 통해 일반 백성들 위에 군림하고 백성들을 수탈의 대상으로 삼았습니다.

성리학적 관념에 경도되어 중화사상과 사대주의에 빠져 자주성을 잃어버리고 독선과 아집으로 시대의 흐름에 역행하여 나라를 망친 성리학과 조선왕조는 결코 자랑스러운 역사가 아닙니다. 차라리 부정하고 싶은 역사입니다.

민족주의 자존심을 앞세워 잘못된 역사를 감추고 찬란한 역사만을 내세울 것이 아니라, 잘못된 부분이 있다면 그 원인을 찾아내어 다시는 똑같은 잘못을 되풀이하지 않겠다는 의지와 노력이 필요하다고 생각합니다.

참고문헌

- 『국역 고려사』, 경인문화사
- 『국역 고려사절요』, 민족문화추진회
- 『국역 동국통감』, 세종대왕기념사업회
- 『국역 조선왕조실록』, 국사편찬위원회
- 김부식 저, 김종권 역, 『삼국사기』, 명문당, 1995
- 일연 지음, 이민수 옮김, 『삼국유사』, 을유문화사, 1995
- 공자 지음, 김형찬 옮김, 『논어』, 홍익출판사, 2011
- 맹자 지음, 박경환 옮김, 『맹자』, 홍익출판사, 2008
- 사마천 지음, 김진연 편역, 『사기』, 서해문집, 2002
- 신채호 저, 이만열 주석, 『조선상고사』, 단재신채호선생기념사업회, 1983
- 이이화, 『한국사 이야기』, 한길사, 1999
- 조명기 외 33인, 『한국사상의 심층』, 우석, 1996
- 박영규, 『한 권으로 읽는 고려왕조실록』, 들녘, 1997
- 박영규, 『한 권으로 읽는 조선왕조실록』, 들녘, 1997
- 신학균 역주, 『규원사화』, 명지대학교 출판부, 1986
- 임승국 번역 · 주해, 『한단고기』, 정신세계사, 1987
- 정재서 역주, 『산해경』, 민음사, 2004
- 신채호, 『꿈하늘』, 동광출판사, 1999
- 박재희, 『3분 고전』, 작은 씨앗, 2011
- KBS 역사스페셜, 『HD 역사스페셜』, 효형출판, 2007

- 이덕일, 『송시열과 그들의 나라』, 김영사, 2001
- 이덕일, 『누가 왕을 죽였는가』, 푸른역사, 2002
- 이덕일, 『조선최대갑부 역관』, 김영사, 2006
- 이덕일, 『조선왕을 말하다』, 역사의 아침, 2010
- 박지원 저, 이민수 역, 『양반전, 허생전 외』 범우사, 2013
- 설성경 · 정철, 『실존인물 홍길동』, 중앙M&B, 1998
- 김형광 엮음, 『이야기 고려야사』, 시아, 2009
- 김형광 엮음, 『이야기 조선야사』, 시아, 2009
- 네이버 통합검색, 한국학중앙연구원 한국민족문화대백과, 한국고전용어사전, 두산백과, 위키백과, WikipediA, 나무위키 등